致所有拥抱趋势的律师同仁

律动科技
LegalLink

刘 丹 杨大康 / 主编

精准运营

让律师用好短视频

法律出版社 | LAW PRESS
北京

图书在版编目(CIP)数据

精准运营：让律师用好短视频 / 刘丹，杨大康主编
. -- 北京：法律出版社，2024
ISBN 978 -7 -5197 -8841 -4

Ⅰ. ①精… Ⅱ. ①刘… ②杨… Ⅲ. ①律师业务
Ⅳ. ①D916.5

中国国家版本馆 CIP 数据核字(2024)第 037769 号

精准运营:让律师用好短视频
JINGZHUN YUNYING: RANG LÜSHI YONGHAO DUANSHIPIN

刘　丹
杨大康　主编

策划编辑 冯雨春
责任编辑 张　颖
装帧设计 汪奇峰　鲍龙卉

出版发行 法律出版社
编辑统筹 法律应用出版分社
责任校对 王晓萍
责任印制 刘晓伟
经　　销 新华书店

开本 A5
印张 9　**字数** 164 千
版本 2024 年 3 月第 1 版
印次 2024 年 3 月第 1 次印刷
印刷 三河市兴达印务有限公司

地址:北京市丰台区莲花池西里 7 号(100073)
网址:www.lawpress.com.cn
投稿邮箱:info@lawpress.com.cn
举报盗版邮箱:jbwq@lawpress.com.cn
销售电话:010 - 83938349
客服电话:010 - 83938350
咨询电话:010 - 63939796

书号:ISBN 978 -7 -5197 -8841 -4　**定价**:79.00 元
凡购买本社图书,如有印装错误,我社负责退换。电话:010 - 83938349

编　委　会

刘　丹

律师范儿MCN机构联合创始人。拥有10余年跨行业（医药、建筑、金融、互联网）品牌及初创项目运营管理经验。自创立律师范儿MCN机构以来，专注法律类IP“从0到1”的孵化运营及矩阵布局，成功打造数十个案源型律所/律师IP，屡创法律垂直内容类IP单月涨粉“5万+”的业绩，成为所在律所营收主要渠道。协助初建律所及知名律所开辟并打通新媒体赛道，完成单渠道营收过亿元的业绩目标。成为赋能律师行业，打破传统案源渠道，依靠新媒体实现流量增长及变现的先行者。

个人微信：lawyerfunliu

杨大康

律动科技品牌策划总监、律师IP品牌推广人。16年资深法律图书策划编辑、曾任杂志社社长兼总编辑。策划的畅销图书包括：张绍刚首部杂文作品《无聊斋》、熊浩首部作品《熊浩的冲突解决课：谈判》、《田文昌谈律师》、赵鹏检察官的《刑事出庭修炼手册》、《大律师许兰亭办案全程指引》、丁一元律师的《跨越山丘：刑辩律师丁一元办案实录》、杨矿生律师首部作品《刑辩实战》，康达律师事务所系列图书、盈科律师事务所《“盈”的秘密》系列图书等。专访人物有：宋鱼水法官、罗翔教授等。

个人微信：yangdakang1982

席宗建

律师范儿MCN机构新媒体运营中心负责人，曾在央视一套担任新媒体运营官、字节跳动集团“抖音”“西瓜视频”流量分配官、学而思集团新媒体研究中心首席操盘手；多年来一直致力于新媒体运营工作的研究，完成多个领域短视频账号“从0到1”的搭建，实现粉丝快速增长、账号有效转化，2021年转战法律行业、结合自身经验，6个月共获播放量10亿+，年度流量变现超亿元，原创作品曾多次成为百度热点，被各大知名网站实名转载。

王昭雯

律师范儿MCN机构新媒体运营中心内容负责人，从事新媒体行业10年，曾任职于国内知名互联网大厂，多次制造破亿浏览内容话题，转战短视频领域，策划多个破亿播放抖音账号，年度流量变现超千万元。

罗　玉

律师范儿MCN机构新媒体运营中心后期制作负责人、曾任职于知名综艺制作公司、参与打造央视文化类节目《信·中国》、浙江卫视《奔跑吧》后期制作，在新媒体短视频日益兴盛之际，转入该赛道，通过搭建全平台矩阵，创造破亿流量密码。

李　麦

律师范儿MCN机构新媒体运营中心直播负责人，曾为杭州知名MCN机构账号负责人，运营抖音头部千万级达人账号，所运营账号荣获“年度摘星达人”“十佳好物推荐官”“年度商业价值荣誉奖”“抖音年度杰出电商创作者”等奖项。

前言　精准运营：精准打造律师 IP

一、线段理论：两点之间线段最短

这本书的思维基点、实践方法、操作技巧，将围绕“线段理论”展开。本书的目的很简单——让有品牌运营意识的律师同行，应用“律师个人 IP 打造线段理论”，打造“极精准、极速度、极效果、极价值”的个人 IP 系统。

我们为什么会有关于“律师个人 IP 打造线段理论”的思考呢？基于以下几个方面的原因：

一是 IP 流量，当下及未来行业的生命力，律师行业也不例外。在时代发展浪潮的裹挟下，律师行业也已步入以 IP 打造为支撑的流量时代、品牌时代。

二是信息差，律师与客户需求之间的信息差，没有搭建信任桥梁。律师行业的从业人数激增，竞争程度激增，内耗激增，如果跟不上节奏，很多律师只能在生存线上挣扎，甚至面临转行，这是一种严重的专业资源浪费。

三是获案闭环，如何让律师个人 IP 的流量有效对接案件，形成闭环，是本书的关键。一方面，对于绝大多数律师来说，他们没有足够的时间去思考，没有充裕的财力去投入，没有专业的团队去运营，没有太多的机会去试错，很难跑通“律师个人 IP 打造”及流量变现这条路；另一方面，借助没有法律背景的 MCN（多频道网络，Multi-Channel Network）机构确实让某些律师成为“大 V”，但可悲的是，并没能给他们带来精准的案源客户，无奈只能通过转行如直播带货等方式变现。所以，在“律师个人 IP 打造”这件事上，我们在思考和实践中，要尽量避免——实际和梦想永远不会交汇的平行线；布满雷区及荆棘的波浪线；有起点没终点的射线。最安全有效的方式就是“线段思维”“线段操作”“线段运营”，有起点有终点，以极小搏极大，以极准搏极速，以便适应这个瞬息万变的时代。

二、线段的特点 & 律师个人 IP 打造

1. 有限长度，可以度量——投入可计算，体量可控制。

2. 有两个端点——有清晰的起点和明确的终点目标。

3. 具有对称性——灵活且可控的调整幅度。

4. 两点之间的线，是两点之间最短距离——精准聚焦，资源燃烧最充分。

三、亲身验证：我们打造的成功案例

为什么我要坚守“IP 时代线段理论”，看一组数据——从 2020 年 11 月到 2023 年 10 月，我和我的团队遵守这个理论，打造了 34 个优秀的律师个人账号，而且每个律师都有自己的风格，都是看一眼就能吸引人的账号，34 个账号累计播放量达 40 亿次，有效咨询 9.6 万次，成功为 26,372 位当事人提供法律服务，最终带来数亿元的收益。

本书的绝大部分内容，都源于我和团队在新媒体领域的实际操作和深入思考。在此过程中，我们并未过分依赖或盲目追随任何所谓的专业机构或一线互联网公司的完整方法论。相反，我们始终坚持实践出真知的理念，积极投身于平台研究，勇敢尝试，获取结果，并从中总结规律和策略。

通过我们的努力，我们找到了新媒体时代律师行业的流量获取和变现的密码。虽然不敢称其为绝对的“金科玉律”，但这些经验和策略无疑具有实际的指导意义。我们希望这本书在出版后，不仅能为读者提供实用的参考和启示，更能激励广大律师同行积极探索、实践，与时俱进。通过掌握流量获取和变现的密码，提升自身的品牌影响力，让您的 IP 名片在众多竞争者中脱颖而出，熠熠生辉。

目　录

第一章

有效链接：

短视频运营

时代与律师

一、短视频运营概述

来自 QuestMobile[①] 的数据表明，我们的大脑处理视听内容的速度要比文本更快速、更直接。从人类的本能生理角度分析，我们也似乎更愿意接受视听。同时，现在“快节奏”的生活，让“短视频”更加满足了我们平时乘地铁、上厕所、等车时利用碎片化时间进行娱乐、学习的需要。不夸张地说，短视频早已成为我们生活中不可缺少的一部分。那么，我们天天都在看的“短视频”，你真的了解它吗？它和律师行业又有什么跨业关联？接下来，在本章内容中，我将带你了解和学习短视频究竟是什么，以及短视频可以和律师行业擦出怎样的火花。

二、什么是短视频

“短视频”，顾名思义，即短片视频，它是基于移动网络发展而兴起的一种新兴业态，在传统影视行业的基础上发展而来。相较于传统的图文传播，短视频兼具声音和画面，其信息量更大，表现力更强，视觉冲击力更好。这种精短化制作的视频，使我们可以利用碎片化的业余时间浏

① 北京贵士信息科技有限公司。

览观看。不仅如此，短视频投放平台在发展过程中对其互动功能的开发，也让我们可以通过评论、转发、点赞等方式进行社交互动，这就大大增加了短视频的趣味性和传播力，使短视频有了区别于其他类型视频的特点。

此外，短视频的制作流程也不同于传统类视频，它对团队的配置和技术要求相对更加简单，出片速度更快、受众更广、创作题材也更丰富。迄今，短视频已历经十多年的发展，自 2013 年开始，国内短视频的发展速度加快，大量资金投入该行业中，到 2017 年，短视频行业呈现激烈的竞争态势，一批批高校毕业生加入内容制作、新媒体运营的团队中，这也让短视频向更加专业化和产业化的方向蓄力发展。

近几年来，短视频在媒体赛道的不断领跑，让“观看短视频”成功融入了我们的日常生活。国家多重监管的发力和行业标准、规范的设立和制定，为短视频行业的长期可持续发展提供了健康的环境。这也让短视频行业与其他行业产生了很强的关联性，潜藏的产业容量巨大，这当中也包括我们律师行业。而后，随着直播电商行业的崛起，短视频行业的发展也迎来了新的机遇。

我们可以查到抖音 2020 年发布的《2020 抖音数据报告》，报告中显示，截至 2020 年 8 月，抖音日活跃用户已经突破6亿人，比同年1月的日活跃用户上涨了50%，月活跃用户5.67亿人；再看另一份更新的报告，《中国网络视听发展研究报告（2023）》数据显示，我国短视频用户规模达10.12亿人，网络视听的网民使用率达到97.4%，短视频成为吸引网民"触网"的首要应用。这充分显示了当下短视频用户规模、经济价值的优越性。

这些都说明短视频已经成为经济增长的有力工具，各行各业都争先恐后地希望搭上短视频的"快车"。这也给了我们一个新的启示：在如今"内卷"的大环境之下，大家都在做，如果你不做，就好比原地踏步的你看着别人都在前进，而你的"按兵不动"就是变相的落后。

我们可以再通过更宏观的数据，佐证上述观点。

第52次《中国互联网络发展状况统计报告》显示，截至2023年6月，我国网民规模达10.79亿人，较2022年12月增长1109万人，互联网普及率达76.4%，网络视频与短视频用户使用率分别为96.8%和95.2%，用户规模分别达10.44亿人和10.26亿人。《中国网络视听发展研究报告（2023）》显示，短视频用户的人均单日使用时长超过2.5小时，遥遥领先于其他应用；综合视频的人均单日使用时长为2小时，自2020年年底开始超越即时通信排在第二位。

我们从数据中（见图1-1）可以看出，越来越多的用户开始使用短视频，短视频用户量虽然经过了“暴增”的势头，开始常态平稳化发展，但其庞大的用户规模，成为各行各业进军短视频的原始动力。

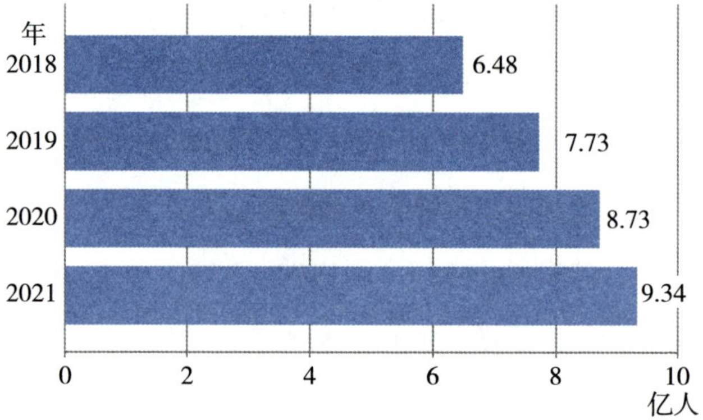

图1-1 中国短视频用户规模

资料来源：中国互联网信息中心、中商产业研究院整理。

短视频已经不知不觉地融入了我们的生活，它的内容也从最初的娱乐搞笑，变成了新闻、影视、生活、美食、在线教育、旅游、科普等多种多样的范畴，它们在我们的生活中无处不在，成为我们生活中必不可少的一部分。我们身边的人，都在拍短视频，看短视频；身边的企业，也都在做短视频，希望用短视频或者直播获利营收。

那么，是什么原因使短视频在我们的工作生活中有如此高的普及性，短视频又和其他类型视频有什么区别呢？

三、短视频的特征有哪些

1. 操作简单，易学易懂

制作短视频对创作者的要求不高，甚至可以说门槛很低。我们只要会用智能手机，稍加学习就能制作短视频。根据艾瑞开发的中国网民互联网应用2019年上半年的监测调查数据，短视频平台的用户已从青年向两极发展，10～18岁以及50岁以上的用户人群逐渐增多，近年来，这两类人群的智能手机操作水平也大幅提高，操作不再是局限，这就使短视频具有了基础人群用户使用的普及性。

2. 制作周期短，内容类型多样

视频内容呈现两极化，一种是个人生产者，也就是大众普通用户，我们大多数人都是这种水平，一般是通过随手拍的方式记录日常较为生活化的内容；另一种是短视频专业生产者，如企业用户或某些MCN机构，他们对制作团队的要求比较高，需要较为优秀的文案编写能力，以及较强的策划功底。但短视频具有它本身的隐藏条件——短小精悍，这就促使其制作周期不会像传统媒体视频那样过长、过复杂。再加上不同行业、不同人群的涌入，让短视频的内容类型也呈现五花八门的状态。

3. 不受时间和空间的制约

短视频是基于互联网产生的，4G、5G移动网络的快速发展，让信息传播的速度变得越来越快，视频缓冲的时间变短，我们几乎感受不到等待的时间，而我们制作的短视频也可以做到随时随地上传观看。可以说，我们观看和传播短视频，不再受时间和空间的制约，我们只需用几分钟的时间就可以完成视频制作，之后在几秒钟的时间内就可以完成短视频的传播，时间效益非常明显。

所以，我们通过短视频平台不但可以看到自己感兴趣的内容，而且作为短视频的创作者和传播者，我们还可以通过短视频展示自己的工作和生活，以及表达自己的想法，树立自己的人物形象。

4. 具有社交传播属性

短视频的分享，可以进一步扩大短视频的传播范围，增加我们社交和分享的欲望。短视频平台能根据我们的观看数据以及发布的动态，有针对性地为我们进行新的视频推送，为我们推荐感兴趣的话题内容，从而使我们更加愿意观看新的视频。能引起我们共鸣的内容，往往也更能引发我们进行分享和交流，从这方面来说，短视频是极具社交传播属性的。

制作门槛低，不受时间空间的制约，极具社交属性，这使越来越多的人愿意主动参与到短视频的制作中。在全员参与内容制作的背景下，每一个人都能成为短视频的生产者和消费者，每个人都可以根据自己的喜好拍摄喜欢的视频、选择想看的内容，这就形成了全民短视频的一个社会状态：人人都在看短视频，人人也都在做短视频。

那么，在全民短视频化的浪潮下，一个新的营销概念——短视频运营——应运而生，那么，它和律师行业有怎样的融合呢？

四、短视频运营与律师行业

上文我们对“短视频”的概念已经有了粗略的定义，实际上大家对“短视频”的概念却存在不同的看法，尤其对这个“短”字的定义，往往有些分歧，这也影响我们对“短视频运营”的理解。

有人认为短视频的长度应该在 5 ~ 15 秒，也有人认为，将短视频定义在 15 秒以内太过狭隘，5 秒到 5 分钟以内的视频，都应该称为短视频。

我理解的短视频，其实就是容易创作，而且具有较强的社交属性的视频片段。这类视频播放时间较短，拍摄手法简单易学，形式内容丰富多样，我们不应拘泥于视频的时间长短。

现在，我们对“短视频”的概念有了更深刻的了解。下面我们再来聊聊“运营”，对“运营”这个词，每个人都有他自己的理解。有人说运营很复杂，用一两句话是说不清楚的，但我理解的运营就是如何吸引用户，留下用户，并活跃用户，让他们愿意成为你的消费者，之后愿意分享你的产品。简单说就是对目标用户进行拉新、激活、留存、变现、裂变的过程。

那么，套用过来，“短视频＋运营”是不是就可以理解为利用短视频吸引粉丝，留下粉丝，并维护粉丝，之后利用粉丝变现实现利益转化，最后再扩大粉丝量呢？换个高端的说法，“短视频＋运营”是一种以短视频为传播媒介，企业或个人对品牌或产品进行社会化营销实现变现能力的运营方式。正是因为短视频运营本身具有原生沉浸的广告形态、用户体验好、转化率高等特点，让它成为当下最流行的营销方式之一。

短视频运营之所以可以被称为一种新型的营销方式，是因为它是以视频为载体的聚合平台，是以短视频的内容本身作为基础，将焦点置于最终商业价值的转化上。

就拿我们熟悉的律师行业来说，现在已经有不少的律师和我一样，加入了短视频运营的赛道。利用短视频成案获利，或是带货转化，这在律师行业已经不再是新鲜话题。

我们争夺曝光资源来展示自己、营销自己。在占领了一些先机资源之后，通过不同的转化方式，就可以实现营收的变现。那些还没有加入短视频赛道的律师，不仅错失了抢占市场的先机，更少了一个可行性很高的成案渠道。在现实残酷的“竞争”环境下，别人都在努力做的渠道，如果你没有好好地利用，那么这样的损失无疑是巨大的。

其实，不仅我们在工作生活中存在现实的“竞争”关系，各大短视频平台同样如此。正是因为有了商业价值转化的目的，为了开阔更新更宽的营销渠道，各大短视频平台也纷纷不断尝试在商业模式上进行新的探索，不断优化自身进行改革创新。那么，不同的短视频平台，又有怎样的区别和优势呢？

第二章

三大平台：

抖音、快手、视频号简析

短视频发展历经 10 年，战场从最开始的“南抖音北快手”，渐渐地转变成三足鼎立的态势，“抖音、快手、视频号”三家“巨头”瓜分了短视频市场 90% 的份额。

快手、抖音和视频号是诞生于不同时期的产品，它们的共同点是基于短视频的社交平台，但三大平台在关键环节却存在巨大差异，且“短视频平台”本身并不能涵盖它们的全部内核。下面，我们就这三个典型的短视频平台，来简述它们的“前世今生”。

一、短视频“三巨头”的发展历程

2011 年，快手率先成立公司，它早期是一款做 GIF（图形交换格式，Graphics Interchange Format）动图的工具型产品，帮助普通用户用手机拍摄视频，在增加趣味性的基础上，同时表达自己的情感。由于当时的网络条件、终端硬件等限制，视频只能以动图的形态呈现，但它依然凭借 GIF 在微博的传播实现了千万用户的积累。

2013 年 7 月，快手由工具型产品转型为短视频社区，增加了内容分享功能，同时确立了“普惠、公平”的底层价值观，产品凭借去中心化的社区内容生态，用户活跃度持续增长。2015 年 1 月其日活跃用户数量超千万，2017 年

12 月的日活跃用户数量破亿。

2016 年年底，抖音成立，其前身为 A. me，定位为音乐短视频，后更名为抖音。凭借中心化的分发机制和单列沉浸模式，成立仅两年后，抖音 2018 年 10 月的月活跃用户便突破 4 亿，而这一数据，快手在 8 个月后的 2019 年 6 月才达到。之后两家短视频巨头便开始加速抢夺市场。

截至 2020 年 9 月 30 日，快手日活跃用户数突破 3 亿，月活跃用户数 7.69 亿，而抖音 2020 年 8 月的日活跃用户数已经突破 6 亿。

2020 年 1 月微信视频号上线（内测），依托微信的日活跃用户数和社交分发方式，视频号成为短视频行业新的竞争者。

一个人的基因是决定其体型和外貌的决定性因素，同样，对于一个产品，它的“基因”也决定了它的定位、价值观和产品形态。我们也要通过了解短视频平台的不同侧重属性，来选择适合自己发展的短视频平台。下面，我们就来研究一下这三大巨头的“基因”。

二、“三巨头”的内核基因

1. 定位

抖音：原创短视频分发平台，以专业生产内容（PGC）

为主，中心化，平台更重视内容的优质。

快手：原创短视频分享平台，去中心化，讲究流量普惠原则，对创作者友好，强调公平，相对于抖音，快手的流量更加平铺。

视频号：基于微信社交关系链搭建的社交属性视频分发平台，强调每一个人都有自己的公域 IP。

2. 标语和价值观

抖音："记录美好生活"，强调"美好"，注重用户的观赏感。抖音早期的发展策略是深入全国各地的艺术院校，说服一批高颜值、有才艺的年轻人在抖音上生产内容，同时帮助他们获取粉丝，从而提高关注度。

快手："拥抱每一种生活"，强调"普惠"，注重用户的参与感。快手在早期的招股书中的产品定位是"基于短视频和直播的内容社区与社交平台"，后期标语从"有点意思"更新为"拥抱每一种生活"，鼓励用户从"观察者"变成"参与者"，展现自己的生活。快手的目标是"提升每一个人独特的幸福感"，注重"被忽视的多数人"，主打下沉市场。

视频号：记录真实生活，强调"真实"，也强调记录和被看见，目标是成为人人可以创作的载体，它注重微信圈的短视频社交。视频号与微信的关系注定使它的定位区别于其他两个平台。此外，视频号的存在也是为了补充微信生态的一个短视频内容缺口，以此更加贴合微信生态圈的完整性。

3. 产品形态

目前各短视频平台均形成了单双列并存、分发逻辑多元的产品形态。如果我们仔细观察对比后，便可以发现，每个平台对产品形态各有侧重，也各有重叠。

抖音：采用单列沉浸式，但也曾在“同城”界面使用过双列瀑布流模式。

快手：主要采用双列瀑布流模式，“精选”页面则为单列沉浸式。

视频号：对“附近的人和直播”给予了双列瀑布流模式，是基于位置分发；而其独特之处在于对基于社交分发的“朋友”页面采用了单列信息流模式。

4. 分发机制

抖音：中心化运营，算法分发机制，内容本身权重较高。

快手：去中心化弱运营，主要根据读者兴趣以社区方式分发。

视频号：去中心化运营，基于社交关系链 + 算法双重推荐机制。

抖音利用其独特的推荐算法，为用户提供了丰富多彩的优质视频内容，但是算法推荐容易形成信息茧房，加剧短视频内容的垂类分化，使视频内容同质化。头部内容占据大部分流量，对初级创作者不够友好。

快手为创作者提供了公平的创作空间，让用户更有选择自主权，但是去中心化弱化了运营分发体系，难以保证视频的质量，内容社区对于用户获取内容有所限制。

视频号则是基于熟人社交关系链“1∶2∶10”的独特推荐分发机制。1 是关注，2 是社交圈层，10 是各式各样的推荐算法。

如果从内容基数和用户量角度来看，抖音和快手还是有绝对的优势。

5. 创作者类型分布

抖音、快手核心垂类覆盖相似，均为受众较广的娱乐性内容。从最头部 KOL[①] 来看，抖音流量集中在娱乐明星，而快手以幽默搞笑的素人为主，视频号核心垂类聚焦在情感、音乐、生活。

造成这种差异化的原因主要是社交分发约束了视频号用户的点赞行为，用户对无营养内容（如抖音、快手 TOP1 垂类美女帅哥）的点赞行为更为谨慎，而情感、音乐、生

① Key Opinion Leader，关键意见领袖。

活等正能量、实用的垂类则更受欢迎。

6. 创作门槛对比

抖音、快手在内容表现形式上差异不大，均以短视频和直播为主。在创作辅助工具方面，除产品丰富的内置曲库、滤镜特效库、剪辑工具等外，抖音、快手亦推出视频模板，进一步降低了新手的创作门槛，创作者能在抖音和快手的平台中独立完成灵感获取、视频拍摄、后期制作全流程。

对比来看，除短视频和直播外，视频号支持30分钟的长视频。目前视频号发布视频仅提供基础的剪辑工具和曲库；直播则支持美颜功能，整体工具迭代相对谨慎，生产门槛较抖音、快手平台相对略高。

7. 扶持政策

对于抖音、快手来说，兴趣分发机制能够保障内容消费者的娱乐性体验，但也进一步导致了流量和KOL向同质化内容集中的问题，使小众而有用的垂类不被消费。因此，平台通过运营策略对目标创作者进行流量扶持，平衡流量分配推进内容泛化，实现内容矩阵从“有趣”到“有用”的转变。

为此，抖音、快手、视频号纷纷推出创作者激励计划，引入专业化内容生产机构，如MCN、媒体号、政务号等。

这样既可以丰富内容矩阵，也可以扩大除娱乐内容消费之外的其他场景，以此完善其产业化的生态圈。

以上，在我们了解了短视频“三巨头”发展的前世今生之后，也引出了一个新的问题，短视频为何可以轻松实现一传十、十传百的爆款传播？或者说，短视频传播的基本逻辑是什么？

第三章

六个层次：

短视频传播的基本逻辑

短视频以其适应大家使用便携工具随时观看的体量，以其让大家产生共鸣的多样化的展示内容，以其利用影像、语言、音效等多维度传递信息的表达方式，成为市场上越来越有竞争力的媒体类产品，也成为各行各业融合转型的首选目标之一。

我们都希望自己制作的短视频有更多播放、更广传播、更强影响，甚至成为爆款，成为现象级产品。但是，短视频成为爆款既有偶然因素，也有一些既定因素在发挥基础性作用。这不仅需要我们有灵光闪闪的创意、精良优质的制作、专业协同的努力，还需要我们研究从一个内容产品到一个现象级产品之间到底蕴藏着何种传播规律。那么，到底是有什么底层逻辑在起关键性的作用呢？

我们只有了解是什么决定了短视频的传播力和竞争力，才能做出更好、更易传播的短视频作品。

一、需求逻辑

我们为什么会花时间观看短视频？除了方便、有推送、信息丰富等外在因素，一定还存在基本的核心需求。我们观看短视频，实质上也是在接受短视频提供的内容服务，而这种服务就是我们的基本需求。

我们之所以选择短视频而非文字、图片等其他服务满足这一需求，是因为短视频的体验相对更好，付出的时间精力成本更低。

举个例子，5 年前如果你要搜索一个教程，肯定会到百度、谷歌这样的搜索引擎寻找答案。但现在，很多人第一意识会去抖音搜搜有没有相关的短视频讲解。

不仅是教程，很多人在遇到各种生活工作中的问题时，都会选择先去短视频平台搜索，以寻求其他“过来人”的经验或者答案。这也是因为短视频能更直接、更生动地为我们提供所需要的内容。

如此多的短视频服务中，我们选择了某一类短视频、或某一个创作者的作品，可能是因为这个视频被主动地推送到我们面前，也可能是这个视频内容做得更有吸引力，还可能是因为这个创作者以往的作品满足了我们的核心需求，使我们在情感上得到共鸣，在我们心中留下印记进而形成该创作者个人的品牌影响力，使我们更愿意观看其后续的内容作品。所以，我们可以总结为，满足用户的需求逻辑是一切商业逻辑的前提。

二、情感逻辑

我们在刷视频的时候，经常也会遇到这种情况：本来一个看起来平淡无奇的视频，却有很多的点赞评论。这时，我们会习惯性地点开评论区寻找答案。一番搜寻之后，我们也确实在评论区找到了若干条亮点评论得以解惑。我们需要研究的是：是什么因素使这条视频成了爆款，又是什么原因让这几条评论驱动这个视频得到传播？它的核心力量是什么？是否这几条亮点评论才是让这条短视频成为爆款传播的关键性因素？

或许有人认为，这中间肯定是算法在驱动着传播。

实际上，在短视频的传播中，最有效率的传播并不是算法驱动的推送，而是这条短视频本身具备的内在特质。因为所有的点击数据都只能说明我们既往行为的特征，不能说明和代表我们此刻的内心活动和深层需求。因此，最有效率的传播还是由内容驱动的。

那么，什么样的内容能够实现有效传播，进而驱动多轮再传播呢？

除了上文我们提到的用户“需求逻辑”，内容传播还要注重效益，就是说我们在通过短视频浏览，获取了相应的内容之后，能确有所得，而不单单是满足我们的好奇心或是消磨了时间，还要有情感的共鸣，也就是在心理上有所触动，这样在情感上才能有所共鸣。紧接着下一层就是要有分享动力。内容本身、内容的表达方式和质量，使用户有分享欲望和分享动力。

这样一来，用户因为感觉看到的内容既有价值又被触动，进而有了转发、评论等再传播的行为，从而使内容实现了新的传播。

我们可以一起总结一下，短视频内容触达给用户的情感感知，大概可以分为六个层次，即实现共知、共处、共鸣、共振、共享、共识。

1. 第一个层次：实现共知

我们希望通过观看短视频帮助自己解决“不知道”的问题，就是为了实现“共知”。如果我们不“共知”，不清楚这个世界正在发生什么，就会与其他人有隔阂感。社交关系的重要基础也是“共知”，我们要让自己的内容达到“共知”，这也是解决观看者基本的内容需求。

我们经常在抖音看到各种头条，大到国际局势新闻，小到琐碎趣事，每天都有各种各样的头条事件发生，评论区也有各种@联系人的行为。例如，前阵子大家都在关注“杭州亚运会”，过一阵子又会关注其他事件或者新闻，我们观看视频了解内容和讨论视频的过程，就是实现“共知”的过程。

2. 第二个层次：实现共处

我们通过短视频内容能够适应社会变化，应对各类简单和复杂的问题。例如，用户可以从短视频中学习和了解自己想要获知的知识，或者在短视频中搜索自己想探知的内容。很多人联想到“泛知识类短视频”，的确，有很多基础的“泛知识类短视频”就处于满足用户“共处”的需求层次。

举个例子：李女士挣扎在不幸的婚姻关系中，想了解自己离婚后，4 岁女儿的抚养权归属问题，于是她在抖音中搜索“离婚争夺 4 岁孩子抚养权”，很快便从搜索到的短视频列表中，找到了一位专攻婚姻家庭领域案件的张律师发布的普法视频，得到了答案。李女士在利用短视频搜索答案的过程中实现了“共知”，而张律师制作的普法视频，也至少达到了“共知”的层次。

3. 第三个层次：实现共鸣

共鸣，是人与人构成共同体、构成社会的更具实在意义的基础，共鸣从而共情，共情亦能共鸣。在社交传播中，好的内容，除了有较高价值点、较好切入点，也应当有较强共鸣点，从而引发共鸣、实现共鸣、聚集共鸣。在社交传播中，能引发共鸣的内容才让我们更有动力分享和再传播。实际上，视频内容能达到共鸣的层次，就算是很优秀的作品了，因为能达到共鸣，就基本具备了初级分享的原动力，从而达到初级的传播效果。

相比于文字、图片的传播，短视频不仅有视觉的触达，更有听觉的触动，所以也更容易让人产生共鸣。每个人的内心世界都是柔软的，短视频能更直接地打动我们的内心，从而达到共鸣，影响观看者的情绪和决断。

还是举前面李女士的例子，李女士遇到问题后，有两个选择，可以在百度上搜索，也可以在抖音上搜索。百度给她的结果，可能只是文字和图片的罗列。而抖音给她的结果，却是视频内容，在李女士又看了张律师账号下其他的视频内容后，得到了张律师提供的温暖而有力的情绪价值，让其产生了情感上的共鸣，达到了内容初级的传播触达，后续她很可能会向张律师进行案件咨询。

就张律师这位普法视频创作者而言，李女士是他的视频观看者，同时也是他的潜在当事人。他的视频内容让李女士产生了共鸣，从而增加了李女士向自己询案的可能。

由此我们可以发现，短视频与普通搜索引擎相比，更容易让观看者实现共鸣，从而促进更深层次的传播以及商业价值的转化。

4. 第四个层次：实现共振

我们能够在价值观层面实现共振，这是人与人关系更深层、更核心的部分。价值观的传播是最深层、最有力的“利剑”，能够产生共鸣、聚集共鸣，进而在价值观层面产生共振，就能实现影响用户的目的，从而也能激发强烈的分享欲望和动作，进而也就实现了传播目标和驱动再传播的效果。

情感上是共鸣，价值观层面则是共振。我们继续用李女士举例，李女士在抖音搜索张律师的普法视频后，了解了自己需要的知识，达成了“共知”；之后在张律师账号下其他的视频中，得到了温暖有力的情绪价值，达成了“共鸣”；李女士在直播间向张律师咨询案件后，张律师对待婚姻的看法，对李女士案件提出的见解和给予的建议，都让李女士认为张律师在婚姻的价值观上和自己一致，于是十分信任张律师，和其签订了委托协议。这个价值观一致的过程，便是“共振”。

5. 第五个层次：实现共享

有了共鸣和共振，我们就会有更大的动力传播共享。共享是人与人关系的进一步深化，而不仅是一种传播关系。在传统时代或人际传播的框架下，共享私密信息体现了人与人的关系。而在社交传播时代，共享信息，即使不是私密信息，只是普通内容，也体现出人与人关系的紧密程度。

同样，我们继续举李女士的例子，在张律师为李女士处理完案件之后，得到李女士的高度评价。李女士此时有位朋友王女士刚好也要处理离婚纠纷，但王女士防备心比较重，于是李女士便在张律师的抖音账号下@王女士自己来观察，这个过程便是“共享”。

6. 第六个层次：实现共识

能够实现共知、共处、共鸣、共振、共享，在情感与价值观层面人与人的关系得到更有力的巩固，从而就有了更多的共识。共识是一个社会、一个民族、一个国家不断巩固强盛的重要基础。好的内容，能够帮助人们实现文化认同、时尚认同、社会认同和心理认同，能够增强共识。这样的内容不仅可以使传播力更强，而且对人们也具有更高的价值。

共识往往是国民意识层面的集体意识，是要让大多数人产生共同的感受。例如，国庆阅兵时，全国人民都有的激情澎湃；又如，奥运健儿夺金后，全国人民都有的自豪感。

我们通过对以上内容的学习，了解了短视频传播的情感需求逻辑，之后我们可以用这六层内容框架观察和分析自己制作的内容。有了这样的思维，我们就可以超越以往关于内容和情感对传播影响的传统认知。之后，我们在制作内容的过程中，便会主动地关注观看者的核心需求，关注内容与情感的关系，更关注内容价值以及它在形成传播中的作用，继而潜移默化地使我们能逐步制作出更易传播的内容。

三、价值逻辑

短视频的质量和影响力，并不仅仅取决于影像、配音等传统因素，也不仅仅依赖于其叙事结构。短视频的思想含量决定了它的深层影响力，所谓短视频的价值逻辑，指的就是短视频所要表达的内容背后的深层影响力。

具有深层影响力的短视频，往往既有“温度”又有“硬度”。“温度”是丰富的细节与感染力，“硬度”则是其思想含量，是能够在价值观层面影响人的内容。“温度”和“硬度”必须在融合升华中实现统一，这不仅是内容与表现手段上的融合升华，更是内容价值含量与思想高度、思考深度、表达力度上的融合升华。

举个例子：张律师和刘律师都是婚姻纠纷领域的专业律师，同样在抖音发布自己的普法视频，在内容的“硬度”上，二者没有什么区别。但在“温度”上，张律师的视频内容无论是在场景还是在个人形象方面，都十分注意细节，尤其是在讲解法条前，增加了对实际案例的讲述内容，使视频更有感染力、更有温度，更能让观看者产生情感共鸣；反观刘律师发布的内容，只是冷冷地叙述法条。所以李女士在抖音搜索的时候，就选择了更有“温度”的张律师。

可见，短视频在内容创作过程中的立意固然重要，但视频的感染力也同样重要。立意的高下决定了能否让用户在被感染的同时被影响，感染力的体现却能让用户更切实地感受到视频内容的核心。

我们切入问题的角度要既影响“温度”也影响“硬度”。所以我们对短视频立意角度的选取就必须既能适应传播，揭示出其背后深层的意义；又能吸引用户点击，形成有穿透力的综合效应。

那么，在我们了解了短视频传播的底层逻辑之后，结合法律服务行业，一名律师如何才能制作出高传播率的短视频，又如何才能在短视频赛道打造属于自己的阵地呢？

第四章

初入赛道：

如何布局短视频

一、短视频时代下律师个人 IP 流量的来源及价值

现在，我们明确了短视频已经成为新的经济出路。随着资本的不断涌入，像今日头条、网易、腾讯、阿里巴巴等商业巨头纷纷试水。随着流量的大势，短视频也越来越热，各大商家、品牌、明星，甚至个人都纷纷部署了短视频、直播营销战略。短视频时代，门槛降低了，各行各业都涌入赛道，法律服务行业也不例外。我身边已经有很多律师加入了短视频的赛道，人人都想在短视频领域分得一杯羹。

通过上文的简述，我们了解了短视频和短视频运营的概念，也了解了当下市场上独占鳌头的三大短视频平台的“前世今生”，更了解了短视频传播的基本逻辑。那么，在上述内容的支撑下，我们并不难得出一个看起来尚且合乎情理的结论：

即便在各短视频平台的流量赛道中，各行各业都已经初现“头部效应”，但面对如此庞大的短视频用户市场，律师行业的短视频领域依旧处于快速发展的上升阶段。我们也看到那些敢于第一波“吃螃蟹的人”的律师，有很多都已经通过短视频成功实现了利益转化，他们有的选择了带货，有的和我一样，选择了利用短视频获案成案。

那么，在律师行业，短视频能给律师带来的具体价值和意义有哪些呢？这也和我们律师行业的现状有很大的关联，既然如此，我们不妨先了解一下律师行业当下的现状。

二、律师行业的现状

在讲述那些枯燥的数字和残酷的现实之前，我们再铺垫一个网上流传的经典段子："律所招一名专职的司机需要5000 元，但是招一名通过法考且有驾驶证的律师助理，可能只需要 3000 元。"

受就业压力的影响，这个段子可能又要增加一条招聘内容："为律所创收超过 30 万元。"

这个段子虽然有些夸张，但我们可以直观地感受到，律师行业对处于执业早期的新人不太友好。造成这种局面的底层原因是这个行业的资源分配方式，也就是俗称的"律师行业的'二八定律'"，但实际上，现实更残酷。北上广深等一线城市的律师，对案源分配往往实行"一九原则"，即 10% 的既得利益者，掌握着 90% 的案源，而后来者只能拼命地争抢剩下的 10% 。也正是这种资源分配方式，使律师们的专业能力、职业操守、道德标准参差不齐，收入差距也较大，基本上呈现金字塔形状。当下我国有几十万名的执业律师，大部分律师处于"金字塔"的下方，可以说有相当数量的律师都处于“温饱阶段”，这也就涌现出了很多并不那么专业的“万金油律师”。这些“万金油律师”和很多其他律师一样，通过相对传统的方式获取案源，看似光鲜亮丽，其实也不尽然，这也和他们的职业成长历程有关。

1. “万金油律师”养成记

何为“万金油律师”，我们一起看个案例。

某市的赵律师从重点大学法学院毕业，聪明踏实，有着很高的职业理想，也有清晰的专业定位目标——他就想做当地知名的婚姻家庭方面的律师。所以，他从一毕业就开始深入研究婚姻家庭方面的法律法规和典型案例，练就了一身的本领。

由于他本人处于执业的起步阶段，名气较小，相关方面的社会资源也十分有限，所以并没有很多婚姻家庭案件的当事人委托他，他对此也十分苦恼。正苦于没有案源之时，有个亲戚给他介绍了一个医疗纠纷的案件，说是因为医院的不当治疗导致患者死亡，接下这个案子就能收 10 万元的律师费，赵律师很纠结，自己接还是不接？

接的话，自己的专业领域是婚姻家庭方向，研究的也是婚姻家庭方面的法律法规，自己对医疗纠纷领域并不熟悉，想在短时间内掌握大量的法律法规和大量案例难度很大；不接的话，已经好几个月没有案子了，自己还要继续生活。

赵律师左思右想，最后决定先接下来，打算之后再恶补相关知识。案件接手之后，赵律师非常认真负责，很快就开始研究医疗纠纷领域的法律和案例，但是医疗领域的内容相对更专业，除了一些固定的法律规定，还有很多非常细化的地方规定，而且各个法院的判决也不完全一致，再加上自己并没有医疗纠纷案件处理的实际经验，并不了解医疗行业的法律法规，研究起来难度很大。

正巧这时，赵律师又有一个朋友介绍了一个交通事故的案子：当事人在夜间开车，撞死了一个行人，机动车上的保险保额并不高，当事人除了要面对巨额的赔偿，还有可能涉及刑事责任，这位当事人愿意支付 5 万元律师费委托一位熟识的律师为自己处理纠纷。赵律师经过一番思想斗争之后，决定也接下这个案件。

后来又有熟人为他介绍了建筑工程方面的案件、常年法律顾问、知识产权案件……赵律师慢慢发现，即便他没有更多的时间和精力研究案件，学习法规，但他只需要提高沟通能力，就能先把案子谈下来，那么他得到的收入就很可观。至于掌握了多少相关方面的法律法规，积累总结了多少经验，能不能帮当事人解决实际问题，在短时间内当事人也看不出来，也就显得并没有那么重要了。于是，赵律师慢慢就成为一个什么类型的案子都能接的“万金油律师”。

那么有人要问了，既然同样可以获得不菲的收入，“万金油律师”有什么不好呢？

首先，什么是“万金油律师”，大家可能对这个词的概念有些模糊，如果换成全科医生是不是就更清晰一些了。从专业角度出发，我们可以尝试理解为“什么都懂的，未必什么都精通”，也就是俗话说的“样样精通，样样稀松”。

某种程度上说，律师行业和医疗行业是有些相似的。它们都有各自细分的领域，例如医疗行业，可以分为内科、外科、妇产科、儿科、耳鼻喉科等多个大类，内科又可以细分为心血管内科、消化内科、呼吸内科、泌尿内科等不同的领域分支。律师行业同样如此，可以分为刑事、民事、经济、行政几个大类，这几个大类又可以细分为若干个分支专业领域。如民事类，又可以细分为婚姻家庭、继承、财产分割、交通事故、民间借贷、房屋买卖合同、日常侵权等不同种类的分支。

我国现在依然处于法律服务行业发展的初级阶段，市场中大量的“万金油律师”，他们似乎什么都懂，都能帮助当事人解决各种各样的法律问题，但他们又似乎什么都不那么懂，因为这些律师在各个专业领域都不那么专业。

相比于医疗行业，法律服务发展到今天，遇到需要解决的法律纠纷，也是需要委托相应领域的专业律师“对症下药”的。

设想一个建筑工程的纠纷，假如当事人一方委托的是一名“资深”的“万金油律师”，他看起来年龄 40 岁上下，做事有条不紊，给人一种经验老到十分靠谱的感觉，但实际上他可能只是在开庭之前，才草草地突击学习了一些建筑工程方面的法律法规。此时，如果对方委托的是一名专门处理建筑工程领域法律纠纷，且在这个领域里深耕了 10 年，充分掌握了该领域的法律法规和大量实际案例的专业律师，那么仅从律师这一个维度看，对方胜诉的概率就明显大得多。

看起来很像“大律师”的“老律师”，很可能也是一位“万金油律师”。毕竟不是所有的“老律师”都能成为“大律师”，多数的“大律师”大都有自己专注专攻的领域。由此，我们也可以看出，“专业领域”对律师的重要性。

其次，这些并不专业的“万金油律师”从表面上看，似乎也有着和“大律师”相差不大的收入和影响力，但时间长了就会发现，“万金油律师”能带来的案源是不稳定的，收入更是不稳定的。浅显平铺、随时可变的专业方向，突击不完的专业知识，这都是藏在他们光鲜外表下的“隐形炸弹”。专业律师，只有专注于某一专业领域，同时扩宽自己获案成案的渠道，才能将职业发展的路越走越长、越走越宽。

最后，我国近几年律师数量的增长速度也较前几年有所增加，传统的案源获取已经进入了存量竞争的时代，“僧多粥少”且“粥越来越稀”的状态开始逐步显现。案源焦虑也驱使金字塔中层的律师们不得不动起来。毕竟，没有案源，再专业、再正义的律师也会无收入。这种情况下，那些金字塔底层的“万金油律师”的生存状况就有些令人担忧了。

由此，我们可以发现，专业垂直度和获取案源的新渠道，是当下律师更应该侧重的发展方向。因为“酒香也怕巷子深”，当今这个时代，纵使你再专业、再有能力、再足够正义，如果别人不知道你、不了解你，那你也得不到崭露头角的机会。当下是传播扩散快节奏的时代，如果是同样的专业水平，利用传统媒体也许 3 年才能建立曝光度和影响力；放在今天，若选择短视频的方式且运用得当，你可能仅需几个月就可以达到。

波普领袖安迪·沃霍尔曾说："每个人都可能在 15 分钟内出名。"在数字化时代的今天，短视频告诉我们，成名可能只需几秒。短视频以更短、更碎片的时间，打破了世界原有的规则。

那么，律师行业在短视频赛道该如何领跑呢？

2. 泛知识类短视频是律师行业在短视频赛道的机遇

互联网视频流量红利见顶后，我们对短视频内容的要求也越来越高，兴趣点也正从最初的"猎奇"向"干货"转变。泛知识类短视频悄然兴起，平台间"泛知识"内容的博弈也渐趋白热化。不同于娱乐内容的感官刺激，聚焦在科普知识、学习技巧、分享经验等方面的泛知识类短视频，正在形成学习知识、尊重知识的"知识新风尚"。这对我们律师行业无疑是非常有利的。

用户有需求，平台就会给予相应的扶持政策。

首先，在政策导向、用户需求、社会价值等多维驱动下，短视频内容生产由泛娱乐化内容转向泛知识类传播。就平台而言，泛知识类短视频的布局和扶持政策已经逐渐落地。

例如，2020 年 5 月，知乎推出"视频创作者招募计划"，给予其专属流量、官方推荐及现金补贴等扶持，并在 App 中新增"视频"专区。

2020年，百度旗下好看视频则推出“未来计划”与“轻知计划”。“未来计划”重点扶持八大垂直场景的知识生产与内容传播，而“轻知计划”也通过邀请各行业、各领域专家及“深耕知识”的内容传播者入驻的方式，与平台共同进行泛知识内容创作。

律师行业当然也不例外，抖音在2022年也对律师行业提供了额外流量支持的活动，以便扶持律师行业泛知识类内容的生产。

其次，从短视频平台运维的角度看，短视频平台乐于扩充自己视频内容的维度。律师行业泛知识类短视频不仅是平台实现自身运营创新的一部分，更是其在全民普法的背景下承担的社会责任，也是其创新社会公共服务功能的突破。这对于普法类知识生产与传播而言，降低了平台准入门槛，提高了律师创作者和平台的参与度，并吸引了更多专业的律师成为知识传播主体，有利于法律类知识视频传播和社会覆盖度的提升。普法类泛知识类短视频在平台扶持的基础上可以使整个法律行业短视频内容生产向着专业化、垂直化、细分化的方向发展，同时这也在不断推进法律知识传播和法律知识普惠，并以法律媒介化形式推进全民参与普法类知识学习。总而言之，短视频平台十分支持普法类短视频的内容创作。

现在对于我们每一位律师而言，可以说正是发展短视频天时利地的时候。在律师行业几乎略饱和的案源获取环境下，有短视频平台提供的流量扶持政策，再加上律师自身的努力，就可以利用短视频，打造自己的 IP，实现成案的目的。

由此可见，律师行业在短视频发展中的一大载体就是泛知识类的普法视频。不少律师创作者已经入驻短视频平台，通过进行普法知识宣传自己；有些用户也通过短视频学习自己所需要的法律类知识；而有些当事人更会利用短视频寻找自己案件所需要的专业律师。短视频就这样潜移默化地成为律师和用户（当事人）之间的桥梁。

三、短视频给律师带来的实际价值

短视频是一种工具、一种载体，它能给律师带来的最大的价值，便是让当事人从“知道”你，到“了解”你，从而“咨询”你，最终“委托”你。换言之，短视频对律师的最大价值，就是可以实现成案的转化。

短视频适合的行业之一是服务行业，法律服务行业也是服务，自然也不能被排除在外。因为法律服务行业工作者具有鲜明的个人特点。如果几位律师都能提供一样的法律服务，为什么当事人选你而不选他呢？都是同一领域专业的法律服务，选张律师和王律师又有什么区别？

短视频可以展现一个个鲜活的人设，即便可以提供同样的法律咨询服务，但因为我通过短视频的了解，让我更信任张律师这个人，所以我选择他提供的法律服务。这是因为当事人和律师只有在建立了充分信任后才会做出选择，而短视频正是提供了建立这种“信任关系”的重要桥梁。

1. 桥梁价值

当事人要委托律师处理的案件，相信对于大多数的当事人而言，都是很重要的，甚至有些是涉及当事人身家性命的。所以在他选择委托律师前，一定会通过各种方式，鉴别和推敲打算委托的律师是否专业，能否堪当大任。

在短视频发展前，当事人委托律师的方式很单一，大概有以下几种：

- 认识某位律师朋友；
- 亲友介绍的熟悉的某位律师或律师朋友；
- 搜索引擎广告上搜到的某位律师；
- 自己到线下律师事务所咨询后认识的。

以上几种方式，都有一个共性：当事人仅凭借短时间几个问题的咨询，往往无法全面了解眼前的这位律师是否足够专业，能否与自己需要处理的案件专业领域相匹配，很容易走上“有病乱投医”的错路。可以说靠传统的方式让当事人找到专业匹配的律师的难度是很大的。换一个角度看，专业领域的律师想要找到与自己专业领域相匹配的案源，难度同样很大。这也就是很多新入门的律师在早期执业的几年里很难接到与自己专业领域对口案件的原因。

短视频出现后，这个问题就可以得到有效的改善。

当事人遇到需要处理的案件，可以到短视频平台搜索对应的关键词，便可以快速找到相关领域的律师。出于对自己案情的重视，当事人很可能会把搜到的几位律师发的几百个视频都刷一遍，以便观察这几个律师哪位更专业，哪位更符合自己案件的专业领域，之后甚至可能会同时咨询几位律师，以便对比从他们那里得到的不同的解决方案。在接触咨询和对比过之后，当事人很可能会从中选择一位他们认为最专业、最靠谱的律师委托。这样的观察、熟悉、了解和信任的过程，是在传统委托渠道中缺失的。

短视频的出现，恰恰补充了这一缺失，使当事人获得一个可以足够了解律师的桥梁，让当事人可以从各个方面了解手机屏幕前的这位律师，所涉领域够不够专业，人够不够靠谱、值不值得信任。律师这方，在将自己专业领域的普法视频上传到短视频平台之后，则可以通过短视频，源源不断地接到与自己专业领域相关的案件咨询和案件委托。这就是短视频为律师和当事人共同提供的一种“桥梁”

价值。

2. 人设价值

对律师而言，短视频不仅可以为他们和当事人提供一个融合接洽的桥梁，还可以为他们提供展示自己人设品牌的舞台。要知道，只是在短视频平台一味地发布枯燥而单一的普法内容，毫无个人特色的 IP 属性，也是无法实现有效竞争力的。

短视频的时代，也是人设打造的时代，无论是年轻用户还是中老年用户，他们都是互联网时代的“原住民”，社群、圈子文化的崛起，也使短视频不能被简单看作视频的缩减版，而应该被视作一种新型社交方式。具有个人特色的人设 IP 也逐渐在这种新型社交方式中潜移默化地形成。

融合到律师行业，律师的个人 IP 也当然可以通过短视频融入当事人的感官。值得注意的是，我们是要把个人 IP 打造成品牌，而不是把法律服务打造成品牌。对于律师来说，法律服务没有门槛，而人设的打造才有门槛，并且是独一无二的，因为只有“你”才是“你”。只有做到这些，你这位具有特色的律师才能让当事人记住你；才能在当事人有需求的时候，找到你。

每个律师都具有个人 IP 打造的机会，都可以利用短视频展现自己与别人不一样的地方，利用短视频向当事人发

“名片”，从而让当事人熟悉你、信任你、选择你。这也是短视频运营对律师最有作用的价值。

我们可以从下面的案例，一起看看律师利用短视频打造人设实现案源转化的重要性。

四、成功案例

1. 短视频有效提升成案获利

在我所最初期打造的多位律师当中，有这样一个案例。他今年 40 岁，40 岁可以说是律师的黄金年龄。曾经，他是一名退伍军官，后来转业成为一位专注征地拆迁领域的律师。他十分专注于自己的领域，专业、果敢是他的代名词，从业 10 余年，他得到了广大客户的一致认可。在做短视频之前，他在一家律所做授薪律师，一年成案金额大概是 50 万元。这个数字在业内说大不大，说小也不算小。

但是他遇到了职业“瓶颈”，在这个金额上停滞不前，已经持续了好几年。对此，他很是苦恼。他是一个具有上进心的律师，机缘巧合之下，他来到我的律所，了解到新媒体短视频也有机会给律师带来成案机会，于是他将自己日常的普法视频发送到抖音。开始的时候效果一般，但他很快找到了自己与其他律师不一样的地方。他以自己“退伍军官”的身份作为特征，结合自己本身刚毅果敢、敢说真话的人物性格，再搭配他严肃认真的外在表情和洪亮有力的嗓音，以及自己的专业水准，很快就积累了第一批粉丝。之后更是扶摇直上，仅过了10个月，他便收获17万个粉丝，成案金额更是从每年50万元提升到了每月60万元。这是怎样的魔法蜕变？这个例子可以让我们深刻地感知，短视频能为律师的成案带来深层次的个人突破。

2. 凸显律师IP的重要性

对律师的人设打造，我们再看一个更实际更具体的真实案例。

同样是律动科技打造的律师，朱律师从2022年4月开始在抖音发表个人普法视频，到2022年6月20日，不到3个月，就拥有了4.5万个粉丝。据他统计，6月1～10日，仅仅10天时间，他在抖音账号中收到的有效私信咨询就达到625个，经筛选成功加微信进行进一步沟通的有38个，仅仅10天时间，就有38个有效案源咨询，这还仅是账号建立初期。

该账号发表的所有内容，都是围绕他所专注的征地拆迁领域开展的，为了引流而没有发表偏领域内容，可以说他在自己的专业领域上做到了绝对的垂直。

他的IP特点是什么呢？

首先，是他的外在人物形象。干净整齐的衬衫，直挺贴合在胸前的领带，成熟稳重的发型，正义坚定的眼神，这都给人一种正向阳光的法律人的形象感知。

其次，搭配上他富有力量的声音和抑扬顿挫的语气以及肢体动作，为他的人物形象又增添了足够的“正义感”。

再次，他不但声音洪亮，而且又能有条不紊地将普法知识和部分法条娓娓道来，为观看者答疑解惑，使他的人物形象多了“专业”和“细腻”两个特点。

最后，画龙点睛之处是在每个视频的结尾，都有标志性口号“告他!”，强硬而不失理智，坚韧却又添细腻，使他“正义、专业、细腻、刚强”的人物性格一下子就饱满鲜明起来，给他成功地加上了自己的专属人设标签。

一个抖音账号的人设标签立起来，账号就做成一半了。

当然，这只是对他人设的简单分析。在资本投入，市场扩大，同质化越来越严重，且强调 IP 和原创内容的短视频大环境下，作为律师，我们该如何赋予内容本身个人 IP 的属性，如何展现自己的独特个性，又如何增强个人品牌的核心竞争力。接下来，我们就要学习如何从 0 到 1 搭建自己的个人 IP。

第五章

从 0 到 1：

如何搭建
律师个人 IP

一、如何搭建个人 IP

我们先来说说什么是个人 IP。

如果你去百度搜索这个问题，它给出的解释是这样的：每个人都是产品，把自己当成这辈子最好的产品去打造。个人品牌就是最好的“护城河”，一旦打造出来，就很难被“copy”（复制）。在增量经济时代，或许个人 IP 的价值还没有完全展现，但是在现在这个存量经济的时代，品牌价值就会体现出来。

一共三句话，阐述得比较模糊，就像我们常常调侃的那样，每个字都认识，组合在一起却不知所云。我认为，读到这本书的你们脑子中不会没有个人 IP 的概念，但这个概念就像百度上的解释一样，好像明白又好像不明白，下面我就来说说你们“好像不明白”的地方。

个人 IP 可以看作在某一领域中，形成公共认知的个人形象，也就是说你留给别人的整体印象，就是你的个人 IP，这其中包括了核心价值、文化特点、外貌形象。下面我们分别进行解释。

1. 什么是核心价值

你是做什么的？从事什么职业？有什么专业技能？水平又如何？

我们举个例子，我们都钟爱的“Tony 老师”，他是剪头发的，剪得不错，成了职业理发师，虽然顾客想要的“剪一点点”和他理解的“剪一点点”从来没匹配上过，但依旧靠练就的一手炉火纯青的技艺闻名于世界各地，给“Tony”这个普普通通的英文名贴上了最强职业标识。

回到我们的本职行业就是，我们是为当事人打官司的，是一名执业律师，通过学习经历与个人喜好，成为一名专注于国际商务/婚姻家事/刑事案件的律师，处理过大大小小的案件百余起，在专业范围内，无论别人咨询什么，你都能做到胸有成竹。

这就是你的核心价值，是你打造 IP 的基础也是根本。

2. 什么是文化特点

你的性格如何？有没有什么特点？说话风格是怎样的？大家如何评价你？

不同职业会有不同特点，但人本身的性格、风格不设限。拿我们行业举例，律师给人的印象是严肃、严谨，有时有点不近人情，但这只是一个刻板、单调的印象，事实上，幽默风趣，甚至有点搞怪的律师大有人在。你可以是热爱读书、书卷气满满的；可以是工作忙碌、精英干练的；还可以是见解独到、爽快犀利的……

这些都是你的文化特点，是吸引粉丝的重要“利器”。

3. 什么是外貌形象

这点再好解释不过，你长什么样？长得怎么样？是高是矮，是胖是瘦？

有的人看到这里，肯定会暗暗羡慕有长相优势的人群，但事实上完全不用担心，真实情况能说明一切。例如抖音法律专业领域中的大 V“桃某”、火爆全网的“董某”。这两位大咖的外表客观上讲并不具备优势，但一个凭借深入浅出、幽默诙谐的法律案件讲解吸粉无数，一个凭借丰富的知识量储备在帅哥美女如云的抖音平台逆风翻盘。这些例子足以说明无论“硬件”条件如何，我们都能通过核心价值和人设打造弥补或者抵消这方面的“差距”。律师本就不是一个靠脸吃饭的职业，能成案并且成功帮助老百姓维权，这才是律师的核心竞争力，是律师最好的“形象”名片。

综上所述，个人 IP 等同于个人品牌，它由一种符号、一种价值观和一些内容组成。人们看到这个符号、某一句话，或者是某些事件、文章，就能立刻想到对应的具体的人。随着符号、价值观、事件、内容的多次出现，受众的印象会越来越深刻。

再举一些熟悉的例子，比如苹果品牌与苹果水果，苹果手机与乔布斯。如果不考虑实际语境，现在只要一说到苹果，大家先想到的是吃的苹果还是手机、电脑呢？如果想到的是电子产品，在谈及和它相关的人物时，你第一个会想起的是库克还是乔布斯呢？再举个反向例子，大家如果想用一个人形容自己身边的某个人是小人，“秦桧”这个名字是不是会第一时间冲进你的脑海？这些就是通过长时间品牌打造或者是恶劣影响，内容事件不断重复而形成的不可磨灭的“IP”。

二、好看的皮囊千篇一律，有趣的灵魂万里挑一

我们根据职业属性、性格特点、内容创作方向打造完成适合自己的个人 IP 了，由于短视频内容的创作者浩如烟海，哪怕是极小众领域，竞争对手也不会少于十几个，因此，想要在短视频赛道激烈的竞争中扬名立万，就必须进一步找准自己的定位，让个人 IP 进一步升级。

我们录制视频的目的不是说教，而是给受众分享我们的经验、知识，通过视频内容与评论与受众互动，引起共鸣，继而吸引这些受众成为我们的粉丝，最后逐步转化成为我们的客户。你是这样策划定位的，别人也是，那么大家为什么要和你互动，成为你的粉丝，而不关注其他同类型创作者呢？这就是要让个人 IP 进一步升级的意义，升级成为个性化 IP。现今抖音平台所有的账号都在向个性化方

向发展，让 IP 个性化是趋势，也是必然。

IP 个性化，其实就是让你的账号更加可识别，“品牌”一定要具有独特的标志性和可识别性才能真正吸引用户。

例如抖音平台法律专业领域千万粉丝大咖李律师和张律师，两位律师都是结合自身的气质特点，走出了独树一帜的风格路线。李律师的视频大多数都是坐在书架前踏踏实实普法、为大众讲解实事案情，形式不猎奇，靠幽默的语言和儒雅的大叔外形打造出专属他个人的记忆点。而张律师则是摒弃了传统的口播形式，充分利用得天独厚的帅气外形给大家剧情普法。像他这样专注“表演”的账号几乎没有，所以小剧场的形式虽然不新颖，但在本行业内让人眼前一亮，个性化极强。

个性化如此重要，下面就给大家总结三条优化 IP、凸显个性化的方法。

1. 抓住大众的注意力

在如今复杂丰富的大环境下，创作的内容要想打开大众心扉，首先要做的是吸引大众的注意力，而良好的“人设”是帮助内容快速吸引大众注意力的有力武器。毫无疑问，一个特定的形象，一个更贴近生活的真实的人，一个有趣可爱的卡通形象，总会比一个冷漠单薄的人更能迅速吸引大众的注意力。

2. 迎合大众的观看需求

大家关注一个账号，除了无聊随便看看打发时间，更重要的原因在于这个账号发布的内容可以满足大家的交流需求，或能够解决大家遇到的困难，不然创作者这么多，大家为什么关注你而不关注其他人呢？可以在短视频中抛出问题制造矛盾点，或是提出问题然后给出相应的解决方案，充分调动粉丝的积极性与表达欲，让他们愿意通过评论区和你交流，向你提问、反驳等，从而增加视频的热度与粉丝的黏性。

3. 赋予账号个性特点

不同的账号有不同的受众群体，所以账号的个性必须与其对应的受众群体的需求特点相呼应，这样才能实现彼此之间的互动与共鸣。

（1）我们可以根据性别划分受众：美妆、穿搭类视频一般来说更受女性欢迎，所以该类型账号的人设更应该迎合当下女性的心理需求，干练有力量的、独立自主的等；而玩车、极限运动类视频受众更多的是男性，所以该类视频要更加突出展示力量和激情等。

（2）我们可以根据职业划分受众：像是明星等公众人物，除了好看漂亮、新的作品，更应该利用其影响力传播积极正确的价值观；而医生、律师等专业领域人士，更应当注重输出内容知识的准确性、严谨性，然后才是如何让内容做到深入浅出，易于大众理解，幽默风趣等。

以上我们举了很多例子与类型，我想有必要和大家解释一点，IP 并不等于“网红”，二者之间是有本质差异的。

“网红”是因为某个行为或某个事件而走红的个人，有很大的偶然性，其本质是先有大量的流量再被标记为“网红”。而 IP 是知识产权的英文“intellectual property”的缩写，也被翻译为智力成果权、智慧财产权或智力财产权。所以我们的律师个人 IP 就是以专业知识、专业身份为核心依托，进行专业的作品创作，进而分发到传播平台。其核心是知识、是专业、是权威。

反观“网红”，一句“魔性、上头”的话、一个搞怪无厘头的行为、一组惊艳的照片或者一首歌都有可能让他们受到网友的追捧从而走红。在各大新媒体平台，一个“网红”再红再受追捧，大家最先认可的基本上也不会是他们在某专业领域的才华，而是他们的“脸”。这里并没有任何贬低的意思，“网红看颜值”就是“真理”一般的存在，不可否认，他们在表演、化妆、穿衣打扮方面有一定的专业积累，如果他们长得没有特点、长得不好看，或者穿衣打扮毫无美感，那么这个“网红”的价值或是说受到的喜爱就会非常低。

所以，“网红”说到底拼的是娱乐性，而 IP 就不一样了，IP 靠的是知识、是专业、是头脑、是创意、是运营。

“网红”需要有大量的粉丝支持，没有相当多的粉丝基数，何谈“网红”？而 IP 的粉丝不一定有很多，受众却更精准，不一定始于颜值，却一定终于才华。例如，抖音坐拥百万粉丝的法律“大 V”罗律师，为什么会有那么多忠实粉丝？直播时为什么会有那么多人连麦咨询呢？这靠的是专业、是知识。无论你向他咨询什么，他都能气定神闲且快速回应你，游刃有余地游走于法律之中，给大家提供切实可行的建议，言语幽默不尴尬，消解了和粉丝之间的距离，才华是他的制胜法宝。

“网红”是可以包装复制的。铁打的“网红”，流水线的主播，他们可以重复表演一个桥段，跳一样的舞，穿一样的衣服，使用一样的话术。但 IP 就不一定能复制了，每一个个人 IP 在建立之前，这个人经过了漫长的成长经历，经受过许多淬炼，台上一分钟，台下十年功，每一个视频、每一次直播，都融入了这个人的过往、学习经历、职业生涯、个人能力与某项专业技能，因此，才能源源不断地产出大家喜欢的原创内容。

所以，好的个人 IP 是充满智慧的、是富有经验的，大家基于你的专业知识喜欢你、“粉”上你、信赖你，因为信赖你在某领域的专业能力，在有困难的时候会想到你，会寻求帮助，这就是 IP 的力量。

第六章

三个概念：

打造个人 IP 的重要性认知

抖音是一个靠算法驱动的平台，想要获得更多曝光，除了视频内容优质，还必须依靠垂直标签，而标签需要通过“个性化 IP”呈现。

我们前面说了，“个人 IP”可以看作在某一领域中形成公共认知的个人形象，也就是说你留给别人的整体印象。如果给“个性化 IP”下一个定义，那就是在某一个领域的细分领域中，一部分群体公认这个人为某一种特定的形象。

所以在这里，给大家讲三个概念：垂直领域、特定形象、共同认知。

一、垂直领域

垂直领域是互联网的行业术语，指的是在网络上，为限定群体提供的特定服务。我们现在所看到的绝大多数短视频创作者已经或逐步开始深耕垂直领域了，因为只有这样，根据 IP 所汇聚的粉丝才是精准的粉丝，只有这样，才能激发更高的商业潜力。

提及“商业”二字，在这里要多说两句，律师们可能觉得商业与自己的本职及初心相悖，功利又市侩。如果从本质上讲，我们创作短视频，最终确实是要靠它来挣钱吃饭的，它必定与商业相连。就拿律师行业来说，录制视频、剪辑发布并不会直接获得金钱收入，但我们可以靠视频吸引粉丝、积累粉丝、取得粉丝们的信任，那么在特定条件下，这些粉丝在现实生活中出现法律需求时，他们就潜移默化地转化成了律师所需要的案源。视频创作并非拿手机随便拍拍就可以，创作是要付出大量的时间、精力、心力与努力的，所以“商业”是正向的、积极的。

回到垂直领域。粉丝为 IP 付费的前提，一定是建立在信任的基础之上；也就是说，IP 本身必须有让粉丝信任的基础。最简单也最高效的方法就是集中输出垂直内容，以此影响粉丝对自己的认知，至少要在粉丝心中成为某个垂直领域的权威。

创作者创作迎合粉丝的内容，粉丝从创作者处获取需要的内容，双方因此建立联系。而后粉丝产生关注兴趣，不断从创作者处获取自己需要的内容，并对创作者未来输出的垂直内容充满期待，这就是个人对某 IP 的持续性关注的过程。

如果频繁更换视频内容方向，输出的都是一些非垂直的内容，无法满足粉丝想从创作者这里获取某一内容的期待，就会挫伤粉丝继续关注的动力。所以，视频创作者输出垂直内容，粉丝为内容付出观看时间，两者形成一种隐形的默契，更有利于提高商业价值。

对于平台来说，他们也需要通过个人 IP 标签进行流量分配，垂直化的个人 IP 更容易让平台进行内容识别，从而分配更精准的流量，让账号的数据更加亮眼。平台分配给每一个视频的流量有限，再热门的视频流量也不会无限增长。垂直 IP 让流量更加精准，精准的流量同样会提升商业价值，促成变现。

二、特定形象

前面提到过，个性化 IP 是在某一个领域的细分领域中，一部分群体公认这个人为某一种特定的形象。由此我们可以将个性化 IP 形象粗浅地划分成 3 个类型：专家型、伙伴型、分享型。每一种形象类型背后都有不同的运营方式和内容方向。

1. 专家型

“专家”形象在各大平台都很常见。互联网的蓬勃发展，令网上喷涌出现了一大批区别于传统领域的新生领域，这个领域既没有成熟的创作标准和学术讨论，也没有传统意义上的专家作为行业规则的制定者，这使个人 IP 充满了自主发挥的空间。

塑造专家型 IP 时，背书和内容并重。背书是因为新生的领域多，粉丝心中还没有形成评定 IP 价值的标准，这时就必须利用背书佐证视频输出内容所蕴含的价值，让粉丝相信 IP 有能力持续输出有价值的内容；而粉丝关注 IP 的基础，就是为了获取对自身有价值的内容，如果不能输出对其有价值的内容，那么大家自然也就不会对 IP 进行持续性的关注，内容为王，永不过时。

2. 伙伴型

运营之初让受众深刻感知到 IP 的真实性，要让 IP 的个性化贴合大众，这就是伙伴型 IP 的价值所在。如果能做到这两点，那么 IP 本身代表的就会是这个领域中有需求的群体，粉丝可以在 IP 身上找到自己的影子，从而引发关注。

伙伴型 IP 创建之初最需要注意的是精准分析用户画像，以此确立 IP 的具体形象。如果 IP 形象与粉丝群体不契合，就会造成粉丝心中的认知错位，使粉丝对 IP 的情感投射大打折扣。

拿我们法律领域创作者举个例子，律师账号和伙伴型 IP 非常匹配。律师本身不是有需要的群体，却是可以提供帮助的群体；粉丝无法在律师身上找到自己的影子，但可以向律师寻求帮助，找到解决自身困境的方法，这是另一种意义上的伙伴型。

3. 分享型

分享型是3个IP类型中最简单的一种，说白了就是让输出的内容质量与数量并重。只要坚持不懈持续发布内容，有了量的积累，那么IP也基本上立起来了，对于MCN机构来说，这也是最容易发展的模式。

三、共同认知

简单来说，就是让所有粉丝，至少绝大部分粉丝都认可你的某种形象。形象的塑造也并不能仅靠输出视频内容完成，经常也需要通过直播、IP联动、其他形式曝光等共同塑造个性化IP的具体形象。

我们拿律师行业举例子：一个成熟的律师账号需要高频率发布专业领域的普法视频，通过这些视频可以展现该律师在法律的某一细分领域的专业性与风格人设，由于短视频时长、输出内容受限、经过剪辑加工等问题，还是无法展现律师自身最真实的一面，律师与粉丝之间隔着不可消除的屏幕鸿沟。那么问题来了，怎么样才能消解这个鸿沟呢？

靠直播：虽然律师与粉丝之间依旧隔着手机屏幕，但粉丝可以从中看到更加“灵动鲜活”的律师，可以感受到律师本人更加真实的语言、态度、性格。通过“公屏”向律师咨询自己遇到的问题，自由连麦，和律师“打电话”，从而消解“摆拍”“屏幕”造成的隔阂。

靠 IP 联动：律师账号虽然会经过严格审核，有背书、从业资质认证等做支撑，但独木难成林，这会让有法律需求的粉丝产生“信任”问题。粉丝不懂法律，更不了解行业内情，哪怕实地拜访过线下真实的律所可能都会犹豫不决，不知道该不该信。这时就可以依靠 IP 联动，通过各个 IP 账号的共同创作、相互串联，一是可以给粉丝展现强大的律师人脉，二是提升律师话语的真实性。一个人说什么就是什么，粉丝或许会产生律师对法律的解读是否有偏差的怀疑，而有 IP 联动的话，粉丝会觉得专业律师都是这样说的，无形中给粉丝吃了一颗“定心丸”。

最后再来说说共同认知的重要性，在共同认知上，内容把控能力是重中之重，因为就粉丝而言，每个粉丝之间是有信息差异的。如果没有足够的内容把控能力，就会让不同的粉丝群体对 IP 产生不同的认知。粉丝对 IP 有不同的认知，那么粉丝为 IP 付费的转化模型就会不同，这也是有些账号虽然数据很好，但是很难实现变现的原因之一。因为粉丝对 IP 的认知不同，使每一次进行转化时所能针对的粉丝群体只有其中的一部分，基数不大成交量肯定上不去。

第七章

拥抱趋势：

为什么要打造个人 IP

从已成为过去式的论坛时代，到前些年火爆的图文订阅时代，再到现在的短视频直播时代，潮流、形式、内容趋势一直在交织更替，但有一样东西是始终都没变，那就是个人 IP。

为什么要打造个人 IP 呢？

因为这个时代你需要被大家看见，这是一个一眨眼就会被大家遗忘的时代，你的影响力决定了你的商业价值。不管你是个人还是企业，都需要被大家看见。在商业思维中，有句话叫作从认识到认知再到认购，假如大家都不认识你，怎么可能信任你，你又怎么可能完成付费转化呢？

传统媒体属于中心化传播，如报纸、电视、广播等，只有具备足够实力的企业才能借助其打造自己。但是现在只要你能在网络平台上输出内容，写文章也好，做视频也好，有声读书也好，你都可以发出自己的声音，喜欢你的网友就会成为你的粉丝。长此以往，随着你在某个领域粉丝数量的增多，就可以进行付费转化。

一、利用个人 IP 快速获取流量

个人 IP 可以使人物形象丰富饱满，容易被大家记住，更容易吸引受众，从而提升粉丝量，粉丝量大幅提升了，自然会得到平台更好的流量扶持，最终形成良性循环。

二、利用个人 IP 快速积累粉丝

打造个人 IP，拥有独属于自己的对外形象，增加观众的记忆点，从而获取更多用户的关注，在平台上拥有一定的影响力和知名度后，自然而然会有粉丝关注。流量对账号的重要性不言而喻，拥有了大量粉丝，账号自然就会迎来大量曝光，流量自然随之而来，二者相辅相成。

三、利用个人 IP 提升影响力

打造个人 IP 不是要单纯地表达自我，而是要通过平台让更多人看到你→认识你→认可你。想要提升影响力需要用心打磨个人 IP，在某个领域的细分领域中不断深耕，通过创作优质内容、分享传播优质内容进行影响力的提升。

四、利用个人 IP 开拓市场

深耕内容、强化 IP 属性能够帮大家吸引到合适的受众，而拥有“千万＋”粉丝的头部账号具有的变现能力有多强，大家定是心中有数，而这种强变现的能力离不开强 IP 支撑。

第八章

个性打造：

谁适合拥有个人 IP

一、有本事能干事的人

他们不做一夜成名梦，不短期“割韭菜”，打算与粉丝长期建立关系，在自己的细分垂直领域深耕并输出价值。说白了就是个人有实力，敢于亮出身份，不会因为没底气而遮遮掩掩，靠个人魅力征服粉丝，取得大家信任。

二、拥有超强行动力的人

不要永远在做准备的路上，要付出实际行动，说干就干。内容永远有更好的展现形式，能力也好，方向也罢，都需要在执行的过程中反复纠正。永远不开始，就永远不会知道问题出在哪里，永远都是纸上谈兵。所以，边做边分析边思考边总结，才会迭代优化与成长。

三、拥有良好写作能力的人

做短视频离不开脚本与文案，大众阅读文字也好，观看视频也好，想看到的、想听到的是独立的思考，并非华丽的辞藻与生硬的技术。不要焦虑一时或一个视频的数据，不要对标离自己很远的大号，放弃对爆款的执念。优秀的选题，有条理地表达阐述观点，及时复盘更为重要。做个人 IP 适合求稳而非求快的人。

四、从事知识密集型专业岗位的人

律师、会计、金融研究等都是典型的知识密集型专业岗位，因其自身的专业性，更易于总结传播对大众有价值的内容。例如，一个专门带货的博主，每次直播都要记住大量关于产品的相关信息，其知识密度并不小于其他行当。而一个科普账号，则更要吃透与自己专业相关的从基础入门到学界前沿的所有信息。所以拥有专业知识与庞大的知识储备的人更适合打造出个人 IP。

五、能产出高度链接性内容的人

个人 IP 一定是要与粉丝、与市场建立联系。你说的话，受众必须能听懂；你传输的观点，必须在受众的认知与偏好范围内，并易于令人接受。所以链接内容的深度与广度，决定了一个人 IP 实际运作中的覆盖力与影响力。

六、拥有导师型独特性人格的人

独特才能吸引人眼球、促进传播，这个共识无须多言。然而独特并没有统一标准，更没有参考解释。有的人天生魅力出众，一呼百应；有的人另辟蹊径，也能别具一格。先天人格无可复制，但从人本真性格与某一方面的天赋入手，并非完全无法打造。值得注意的是，我们在寻求独特性的方向上注意尺度，要守住职业伦理道德，否则会适得其反。

以上这些条件并非缺一不可，只要你努力做到这些条件中的几条，你就可以拥有独属于个人的 IP。

最后，再给大家举个例子印证以上这些特质。例如，美食短视频头部博主李子柒，幼年父母离异，由奶奶独自抚养长大，家庭生活拮据，年仅 14 岁便独自前往大城市打工，后来因奶奶生病需要人照料，回到家乡开淘宝店维持生计。那时候网络平台刚刚兴起，她开始逐步摸索短视频创作，自己写、自己拍、自己剪，有时候制作一条视频需要花好几天的时间。但她并没有因为拍摄困难、无人关注就悲观放弃，从听取他人建议修改文案到学习剪辑制作再到拜师学艺，一点点学习，一步步积累，依靠不俗的厨艺、超强的动手能力与刻苦钻研，用视频记录东方风情，宣扬中华传统文化“古香古食”，不仅火爆全网，在海外也拥有极高的知名度。

她为“李子柒”这个名字赋上了超强 IP 属性，有手艺、有创意、行动力强、独具特色、踏实深耕、持续输出，这样的人怎么会不适合拥有个人 IP 呢？

第九章

人设要素：

打造个人 IP 的两大步骤

之前我们讲过了什么是个人 IP。凡是有知名度、有流量的事物都可以看作 IP。我们今天谈的个人 IP 就是指在专业领域有深厚积累，并且拥有一定现实影响力的人。大家熟知的演员明星、网红达人、互联网大厂老板、企业家、各个领域的 KOL 等都属于个人 IP。例如现在在抖音上，有很多人擅长处理男女情感问题，且三观符合当下主流，风格独特自成一派，从而拥有大量粉丝，被很多人追崇和信任，那么这就可以算是一个典型的情感领域的 IP。

下面就和大家具体分享普通律师打造个人 IP 的步骤。

一、正确找准自己的定位

我们做什么事情都离不开定位。你是谁，你的人设标签、人格魅力是什么？你能做什么，对哪个领域的内容有独特见解？你需要谁，你的目标客户、粉丝群体是哪些人？你和同领域的其他人相比，有什么不一样的？你有什么特点能让受众记住你的与众不同？

清晰的定位，是 IP 搭建的地基。一旦定位确定，就不要轻易更改，你在受众心中的第一印象是非常重要的。

定位就是要在你的目标用户心中建立一个符号，符号烙印越深，说明你的个人 IP 打造得越成功。

那么我们该如何找准自己的定位呢？

第一，细化定位。律师打造个人 IP，在选定律师这个赛道之外，还有很多其他的地方可以继续细化，例如律师风格，是严肃正经还是幽默风趣？视频形式，是口播普法还是剧情普法？律师服装，是正装还是休闲服装？内容范围，是做垂直领域还是全领域？

第二，落地执行。打造一个 IP 需要从全方位考虑，从肉眼可见的名字、头像，到内容偏向、创作规律等，由表及里、方方面面都需要围绕定位精细把控，切实地落地执行。

1. 名字：人的名字是区分个体的特定名称符号，IP 之间为了互相区分，也要有属于自己的名字。一个好的个人 IP，离不开一个好的名字。名字要简洁明了，建议文字为 4 ~6 个字，容易被人记住且具有识别度，说白了就是容易传播，准确体现你的定位，能够体现你要输出的内容。

有的律师 IP 直接用律师的名字，不仅能让粉丝形成统一印象，还利于以后打造个人 IP 的账号矩阵，如龙某律师、李某某律师等，这两位律师的粉丝数都已经达到千万人，是头部法律 IP；也有的律师直接用地域和业务方向做前缀，例如，北京某律师、婚姻律师某某，不管是地域还是业务方向，都是在某一范围内作了细分，更利于吸引精准粉丝。

2. 头像：一个好的头像比一个好的名字更能带来冲击感，头像能够反映一个人的性格或 IP 的内容倾向。例如，一个风格正经严肃的律师 IP，通常会使用律师身着正装的形象；而一个幽默风趣的律师 IP，头像可选择的范围就很广了，既可以休闲，也可以搞怪。

3. 简介：能一句话说明白自己是干什么的，就不要用两句话。如果是专业领域的大咖，可以在简介中适当体现过往的成就与荣誉，对律师来说，有知名度较高的代表性胜诉案例，更容易让人产生信任。但无论是名字还是简介，切记不要用生僻字，不要包含推广信息。

4. 标语：其实就是视频开头或结尾的一句口头禅，目的是增加粉丝的记忆点。例如，桃矢王某和他的“好家伙”、朱律师和他的“告他”等。一个好的标语无异于锦上添花，不仅能强化律师定位，还能吸引粉丝关注、点赞、评论。

5. 原创：拍摄的视频，创作的内容一定要是原创的，而且最好是在某一垂直细分领域深耕形成的作品。原创内容更容易受到受众的关注与喜爱，也更利于建立专业性和权威性，避免因抄袭产生的侵权问题。另外，自己原创的内容，融合特定的口头禅、停顿词等个人特色，别人很难模仿，也有利于彰显自己的个性。

6. 创新：不仅是抖音，各人新媒体平台上的视频创作者越来越多，视频内容越来越多，相应地，同质化也就越来越严重，想要脱颖而出，就需要创造与众不同的内容。

7. 持续：也可以说是坚持，内容要持续输出，做到定时更新、规律更新，如果长期断更，放粉丝鸽子的话，很容易被粉丝遗忘在茫茫的短视频大海当中。

8. 互动：一个真实有温度的人，能够贴近粉丝，所以互动很重要，通过互动、评论、私信、粉丝群沟通等，保持粉丝的热情，在互动交流中提高信任度，为未来打造社群和变现提前做好铺垫。

二、做好内容输出

新媒体时代，内容为王。对一个 IP 而言，内容是最重要的，掌握机制能帮助我们获取更好的流量，多变的表现形式能帮我们抓住更多人的注意力，但是这一切都建立在优质内容的基础之上。“巧妇难为无米之炊”，如果内容质量不过关，就算再了解流量机制，再精通表现形式，也很难把账号做起来。

总而言之，决定一个 IP 是否能良性发展、高效发展、长期可持续性发展的核心永远是内容。

那么，我们该怎样做好内容输出呢？

第一，要打造自己的独特性。独特性，指的是拥有自己的观点、特色、角度，打出差异化，与“人云亦云”的观点有区别。如果跟其他的账号类似，没有新意，没有特点，那么粉丝为什么要关注你？

网络是一条通天大道，无数 IP 在大道的两旁使尽浑身解数想吸引大家的关注。别人跳舞，你也跳一样的，别人唱歌，你也唱一样的，什么都和别人一样，毫无特色，路人怎么会为你停留？“独特”是一个 IP 突出重围的关键所在，你能提供不一样的东西，才能让“路人”转变成粉丝，才能获得粉丝的关注与支持。

第二，要让创作的内容拥有相关性，即内容要是别人在意的、关注的焦点，而不是曲高和寡、无人问津的东西。对律师 IP 而言，在进行内容创作的时候，更需谨慎，不要想着“炫技”，也不要故作深沉，谈论一些晦涩难懂的法律知识。要从普通人的心态出发，想大家之所想，忧大家之所忧，找到大家关注在意的点，针对“痛点”给出专业性意见和指导。

怎么抓住普通人关心的点呢？一是经常看各大平台的热搜话题，关注评论区，网友的评论能反映他们的真实诉求，翻阅大量的评论，能发现隐藏在表象之下的真正问题。

“发现”之后，接下来律师还要“发声”，律师发声是勇于承担社会责任的表现，这也能帮助律师扩大影响力。二是总结办案经验，律师在复盘的过程中，要归纳类似案件中经常凸显的问题，从这些问题的共通之处就能看出普通人关心的点。

第三，要做到一致性，即让粉丝感知到你的形象和你真实的内在高度统一。说白了，就是律师要“言行合一”，不能让粉丝觉得律师在镜头前和镜头后表现不同。律师既要展现出真实的自己，也要让粉丝相信自己的真实。一旦粉丝对律师的真实性产生怀疑，那么律师的个人 IP 就岌岌可危了。

个人 IP 的打造可以看作一场修行，严格要求自己，让自己变得更好，同时也会影响更多人变得更好。个人 IP 也是一项系统工程，定位和传播只是基础工作，还有后端的引流、变现等系列工作。个人 IP 需要时间去沉淀，首先要强化在公众眼中的形象，强化公众对自己的认知，之后，一定要坚定自己的内容和立场，不要轻易动摇。无论是谁，在做什么事，一定要从坚定自己的方向开始，找好方向，坚持去做，就一定能看到成果。

以我们打造的某征拆律师的个人 IP 为例，我们首先确定了“征拆律师”这一定位，并通过口播及大量的出差视频塑造了她全国办案、只做征拆案件的专业律师形象，后续的内容产出也紧紧围绕“征拆领域”，始终保持高度垂直。她的账号才做了 2 年，粉丝数已经接近 60 万人，总播放量超过 2 亿次，“一名维护被征收人权益的拆迁律师”形象深入人心。

第十章

精准定位：

脱颖而出的

7 个要点

从万千账号中脱颖而出的 7 个要点如图 10－1 所示。

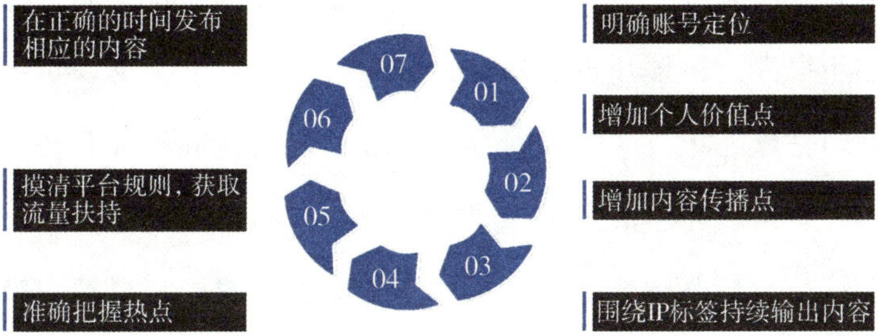

图 10－1　7 个要点

第一，明确账号定位。从用户维度来讲，要明确地告诉用户你是干什么的，让大家认识你。明确账号定位就是给用户关注你的理由，这样可以帮助用户快速了解“我关注你之后可以获得什么”，从而建立起一定的心理预期。同时，明确的定位也有利于强化品牌形象，以免客户在需要的时候找不到你。

第二，增加个人价值点。要清楚自己分享的内容，对大家有什么样的帮助。颜值满分、才艺多多，能够让人赏心悦目是一种价值；说脱口秀讲搞笑段子，让大家从疲惫的工作生活中放松下来哈哈一笑，也是一种价值；某美妆博主分享一个好物，恰巧你正计划买这样东西，这条视频被你刷到了，也是一种价值。你的内容价值点越强，大家对你的关注度就会越高。

第三，增加内容传播点。为什么你讲的内容都是干货，但就是没有播放量呢？因为你的内容没有传播点，你的标题不抓人，视频开头前几秒的表达也没有意思，也许是干货但枯燥无味，这样的内容别人看不下去，自然没有播放量，更何谈完播率呢？

精心备课精心准备，一本正经地讲知识，为视频内容付出了大量的时间和精力，大家就必须要看完吗？不会的！受众根本感受不到你在背后的付出，大家只会觉得枯燥无聊。但同样的内容如果换一种表达方式，例如，视频一开始就斩钉截铁地质问，或一上来就把讲述的悬疑点抛出来，这样的视频往往会吊足大家的胃口，不说保证看完，但肯定愿意多看一会儿。

还可以从视频场景、视频人物穿搭入手改变，用这样的手段从侧面烘托你的内容。大家为什么愿意看呢，就是因为好看，除了能够学到知识，还能获得另外一种情绪的满足。

又如，一位拾荒者不紧不慢地给你讲国学、讲历史、讲战争。这样的内容大家为什么能听下去、看下去？因为这其中内含着一种反差，一种身份上的反差，你就是想听听这样的人到底能说出来些什么，是不是对的，满足了大众好奇的心理。

在视频内容的设计上，我们一定记住要多留一些悬念，吸引大家继续往下看。这就好比我们看电视剧、看小说一样，不知不觉，一天时间都消耗在故事情节里了，哪怕熬夜不睡也想把电视剧看完，因为每一集、每一个章节都有一个“钩子”，这个“钩子”就是悬念，吸引你不断往下看，根本停不下来。

由此我们可以总结出什么是传播点。传播点就是你如何把内容做得跟大家不一样，问题角度稍稍一变、展现形式稍稍一变，不一样了自然就有了差异化，有了差异化，就有了传播点。然后再用声音、情绪的起伏带动观众入戏，这样一来就比较容易让大家把视线停留在你这里，不会划走。视频看完了，完播率上涨了，平台推送更加多了，内容慢慢地火了，个人 IP 自然也就脱颖而出了。

第四，围绕 IP 标签持续输出内容。例如，你是做母婴亲子的，那就围绕妈妈们关心、感兴趣的育儿、宝宝饮食、提高孩子专注力等话题创作内容；又如，你是做管理培训的，那就围绕老板们关心的管理、营销、产品、品牌、投资等话题创作内容；再如，你是做美妆带货的，那就围绕补水、美白、抗衰去皱等话题创作内容。

围绕 IP 标签持续地输出内容，时间一久，自然而然地就会给大众留下一个不可忘却的印象，这个最深刻的印象就是你的个人 IP 标签。

第五，准确把握热点。很多人对热点的理解比较片面，总认为今天或最近发生的重大新闻就是热点。这样的内容确实是热点，但在你实际创作录制中会出现问题。首先，你是否有能力驾驭这样的内容，不是任何人都能把握好传播内容的尺度的。其次，这样的内容是否和你的垂直细分领域相契合，适不适合在你的账号发布。而且爆款重大新闻大家都没有写的资质，就算写了平台也不会分你流量，甚至视频还会被禁、被下架。

那么大家写热点应该写点什么呢？教大家一个方法，首先把你想写的几个话题罗列出几个关键词，然后到各大平台搜索热度，哪一个关键词热度高，就写哪一个，因为热度高，感兴趣的人群就多，推荐量自然也就会大。

第六，摸清平台规则，获取流量扶持。当下，所有的自媒体平台都一样，抖音也好，快手也好，今日头条、微博、小红书、知乎等都好，无论哪家，大家最愿意持续扶持的都是深耕垂直领域内容的个人 IP，因为这类账号对平台来说会具有更大的价值。

第七，在正确的时间发布相应的内容。例如，朋友圈的最佳发布时间是 8:00 ~ 9:00、11:30 ~ 13:00、17:00 ~

18:30、20:00~22:00，为什么是这4个时间段呢？因为这段时间正好是上班前、午休时、下班后、睡觉前，在这些时间点大家有空闲时间去看。我们一定要结合受众的生活习惯和爱好制定发布时间，不同行业、不同类型的人，作息时间不一样，喜好的内容也是不一样的。

“无法被看到”是无数IP的困境，酒香也怕巷子深，纵然你千好万好，不能把自己的好表现出来，让别人看到，这都是无用功。一个不能被看到的账号，注定是失败的，因为这样的账号拿不到好的流量，更无法进一步发展。可以说，能否从万千账号中脱颖而出，决定了一个IP的生死。

随着“网红经济”的发展，每个赛道都涌入了更多的人，IP竞争更加激烈，但无论竞争多大，总有IP能突出重围。例如，“垫底辣孩”靠变装前后的强烈反差成功闯入美妆圈，多个爆款让他吸引了无数人的关注，成为新晋顶流；“龙某律师”凭借充满八卦狗血的情感咨询以及真实犀利的言辞，爆火出圈，单月涨粉200万人，还借助IP的流量出版了自己的图书。

第十一章

多元视角：

360 度展示优秀的你

在“律师个人 IP 打造”的整个过程中，我们不提倡的就是“扮演成”某一个角色，而是希望大家从自身出发，找到自己身上的某一个或者多个闪光点，通过专业的运营手法，将闪光点包装之后，强化为律师个人 IP 的“差异化”特点。

一、寻找个人的“差异化”特点

1. 外形特点

很多律师害怕镜头的原因之一，是对自己的外形有些不自信，但是在“人人自媒体”的时代，越是有记忆点的外形特点，越能让受众产生印象。单就律师这一群体来说，律师就一定要西装革履、一丝不苟吗？征拆律师在进行实地考察时，是否能穿着雨靴、顶着草帽呢？婚姻家事律师在直播时，是否需要法袍加身，给咨询者一种冷漠的距离感呢？外形特点决定了受众对你的第一观感，在我们“要像个律师”的人设定义前提下，找寻合适的外形特点，可以在第一秒就捕捉到受众的目光。

2. 专业特点

律师可以算作精英人群，但在一群同样优秀的精英律师中，你的优势是什么？你有什么和别人不一样的？例如，你的学术水平非常高，善于普法宣传；又如，你的英文很好，可以从容处理跨国官司；再如，你上过很多法律类宣传节目等。这些都是你不同于他人的记忆点，要善加利用并放大它，从而形成你的独特之处。

3. 性格特点

行业是一样的，但每个人的性格特点、工作风格却大不相同。有勤勤恳恳低头钻研案卷类型的；有办事开庭雷厉风行类型的；也有不紧不慢游刃有余类型的等。不要总是羡慕同类型“大 V”如何如何，而是要找准适合自己的拍摄风格，吸引属于自己的忠实受众。

4. 受众特点

学会分析受众的需求是个人 IP 立足的根本。简单来说，就是你希望服务什么类型的人，这类型的人想要看到什么，那么你的差异化就可以向哪些方向发力。受众画像的南北差异、年龄差异、男女比例、活跃时间段等，都可以作为 IP 差异化打造的依据。

5. 素质能力

律师距离真实的老百姓很遥远，是大家平常接触不到的一类人。那么如何才能通过几十秒的短视频建立大众对你的信任呢？这就非常考验律师本人的素质能力与文案功底了。

二、展示个人的“差异化”特点

1. 头像

简单大方的职业照体现专业性，有职业特点，避免花里胡哨。

2. 个人主页封面图

可以在这里体现你的从业宗旨、展现视频中常用的标语等你想让大家进一步了解的内容。

3. 简介设计

如果受众范围广，可以创作一些有特色的文案，辅助个人 IP 形象；如果受众是知识水平较为欠缺的人群，则可以在简介中列举一些过往的战绩与荣誉，体现自己的专业性与可信度，给自己背书。

4. 视频内容

持续输出对方想要的价值，久而久之大家会因为你的干货而相信你，觉得你很专业。

5. 互动

通过回复留言、私信，或直播连麦等方式，建立起受众对你的信任感。

第十二章

如何起号：

开通抖音个人账号的步骤

大家在申请抖音账号时，可以选择申请个人账号，也可以选择申请企业账号。不同的账号类型，在申请时所需要的资质请求都是不一样的，下面给大家介绍开通账号和个人认证的方法步骤。

一、开通抖音个人账号

第一步：打开抖音 App，点击右下角的“我”。

第二步：在登录页面输入自己的手机号码，并勾选协议。

第三步：完成输入，点击“验证并登录”。

第四步：输入短信发来的 4 位数验证码。

第五步：账号到这步就属于成功开通，之后根据页面引导进行密码设置，进行个人头像、昵称、出生年月日、性别资料的填写。

第六步：完成注册后，可以上传发布视频。

二、抖音实名认证

为了维护网络健康与安全，各大平台都需要进行实名认证，抖音也不外。

第一步：点开手机桌面上的抖音 App，进入抖音。

第二步：进入抖音主页后，点击右下方的“我”，进入个人页面。

第三步：在个人页面中，点击右上方的“三条小横杠”按钮，在弹出的菜单栏中选择“设置”，进入设置页面。

第四步：进入设置页面后，选择下方第一个选项“账号与安全”。

第五步：在账号与安全页面，选择“实名认证”。开始认证后，填写姓名、身份证号码后选择“确认并授权”。

第六步：通过刷脸完成人脸识别，即完成实名认证。

第十三章

平台规则：

熟悉抖音官方认证的规则

用户可以通过申请抖音官方认证提升账号的权威性和可信度。抖音提供了个人认证、机构认证、企业认证、电商优质作者认证等多种类型的认证方式，用户可以根据自己的实际情况进行选择。

一、适用对象

1. 个人认证适用账号：适合个人创作者、行业专家。

2. 机构认证适用账号：适合国家机构、媒体、高校等机构。

3. 企业认证适用账号：适合企业、个体工商户。

4. 电商优质作者认证适用账号：适合电商场景下表现优秀的带货达人。

二、个人认证条件

1. 账号同时满足三个条件：（1）完成实名认证；（2）绑定手机号；（3）近30天发布作品数≥3。

2. 账号无违规记录。

三、如何申请个人认证

1. 点击已认证用户主页中的认证标识，进入申请页面按要求申请。

2. 点击设置—账号与安全—申请官方认证，进入申请页面按要求申请。

3. 如何找到个人认证。

创作者在开通账号，完成实名认证之后，可以通过两个方法找到个人认证。

（1）方法一：进入抖音主页后，点击右下方的“我”，进入个人页面→

在个人页面中，点击右上方的“三条小横杠”按钮，在弹出的菜单栏中选择“设置”，进入设置页面。→

进入设置页面后，选择下方第一个选项“账号与安全”。→

在“账号与安全”页面点击倒数第三个选项“申请官方认证”→

然后选择你需要的认证，如图 13－1 所示。

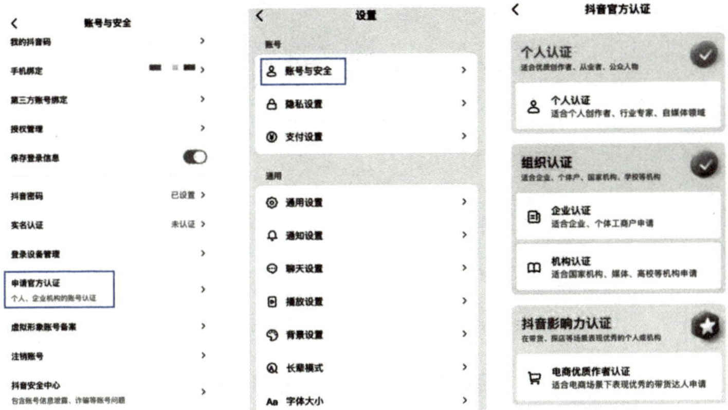

图 13－1　认证方法一

（2）方法二：进入抖音主页后，点击右下方的“我”，进入个人页面→

在个人页面中，点击右上方的“三条小横杠”按钮，在弹出的菜单栏中选择“创作者中心”。→

在“创作者中心”点开导航栏最后一个选项“全部”分类。→

滑动屏幕到最后，在“进阶服务”板块，点击“官方认证”。→

然后选择你需要的认证，如图 13－2 所示。

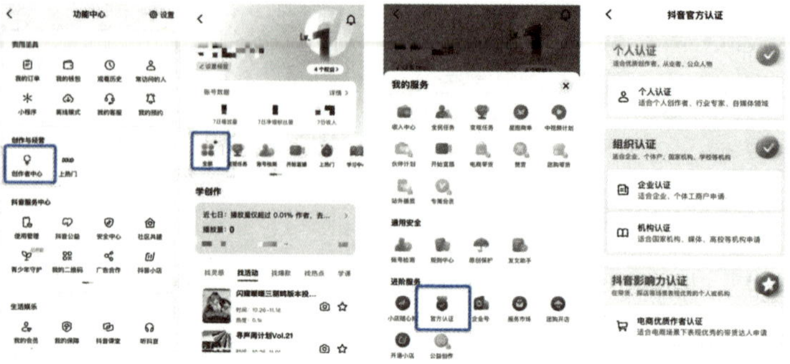

图 13－2　认证方法二

无论用哪种方法找到官方认证页面，选择认证领域后，满足认证条件即可申请认证，根据提示提交认证材料进行身份认证即可。

符合认证申请条件的，可点击“申请认证”，查看该领域认证“申请规则”，并根据提示提供相应的认证材料进行认证。

四、抖音个人（职业）认证介绍

个人（职业）认证即抖音平台对创作者个人职业信息进行的确认，适合公众人物、领域专家和网络名人申请。

个人（职业）认证的认证领域包括医疗、娱乐、教育、文化、美食自媒体、旅游自媒体、动漫自媒体、游戏、传媒、体育、艺术、财经和其他。

平台有权根据业务发展需要适时调整认证领域和申请规则，认证时可参考抖音客户端认证流程中的信息展示和提示。

五、抖音个人认证规范

1. 申请主体为个人或自媒体账号。

2. 申请认证信息需根据个人的实际情况填写，主要填写身份信息。

3. 申请认证的账号昵称信息需便于辨认，不得和真名或艺名出入过大，不能使用机构化昵称。

4. 个人认证不能以机构为主体，如××公司、××工作室。

六、抖音认证基础规范

1. 昵称信息规范。

（1）昵称不得涉及不良信息（如涉及赌博、毒品等）、时政等敏感内容；

（2）昵称不得侵权；

（3）昵称不得涉嫌营销推广；

（4）昵称不得使用容易被误认为官方的字眼。

2. 头像规范。

（1）头像不得为易被误会为抖音官方账号的图片（不可使用“加 V”图片）；

（2）头像不得涉及色情、时政等敏感内容；

（3）头像不得涉嫌营销推广；

（4）头像不得涉及侵权内容。

3. 个性签名规范。

不得包含微商类联系方式；敏感、色情信息；非法或不实营销推广信息。

4. 认证信息规范。

（1）字数：2～16 个字，提交后不能修改。

（2）用词规范：内容完整通顺，请勿使用修饰性质的词汇或宽泛词，如“第一”“最佳”“最棒”“知名”等。

（3）认证信息不能包含联系方式，包括但不限于：微博、微信、邮箱、QQ、网站链接。

（4）认证信息不能出现营销推广信息，内容要健康、积极，不能包含敏感、色情等信息。

（5）与字节跳动公司名称或产品相似，易被误会成官方账号的认证信息不能使用。

七、一些重要的问题

1. 认证申请要求。

不同认证类型具有不同的申请要求，包括但不限于：粉丝量、真实身份认证、发布视频情况等。在同一认证类型下的不同认证领域，申请要求也不同。

创作者申请抖音认证的，须满足平台相应的申请要求。详情可参考抖音客户端认证流程中的信息展示和提示。

2. 申请认证材料。

创作者申请抖音认证的，须按照平台要求提供与认证类型相适应的材料，因创作者提供认证材料不完善或存在虚假等情节的，平台有权拒绝认证。

上传申请认证材料的注意事项：

（1）材料或证明拍摄要清晰；

（2）材料或证明要展示完整，避免拍摄或者截图不全；

（3）按指示完成每一步操作，不要遗漏。

3. 认证申请查询。

认证审核结果会在 7 个工作日内通过站内信息告知，请关注系统通知。

4. 撤销认证情形。

已取得认证的创作者存在下述情况的，平台有权随时撤销创作者的认证信息：

（1）经平台查证所认证身份信息虚假的；

（2）认证账号发布虚假活动的；

（3）多次出现昵称、头像、个性签名不合理情况的；

（4）多次出现刷粉、刷赞等异常情况的；

（5）严重违反《抖音社区自律公约》的；

（6）其他不符合认证标准的情况。

5. 认证有效期。

个人认证在标准不变动的情况下持续有效。对于机构和企业认证，账号在获得认证一年后平台对认证资格重新进行审核。

第十四章

爆款战略：

如何持续输出高质量文案

大众心理研究学者古斯塔夫·勒庞在其著作《乌合之众》中表达了这样的观点："群体并不进行推理，它对观念或是全盘接受，或是完全拒绝，并在此之后急于行动。"

延伸到当前，面对平台的数亿用户，就是要通过短视频，对用户群体产生影响，征服他们的理解力，并引导他们立刻采取行动。

这样的表述看起来可能有些匪夷所思，但不得不说，这正是我们在做的事情。接下来，我将详细告诉你，要达到这样的效果，需要具备哪些能力。下面我们从文案开始谈起。

所谓"高质量文案"绝非"爆款文案"。

你可能经常从各个渠道了解到一条爆款文案所能带来的商业价值，"就像按下印钞机的开关，创造出源源不断的财富""价值 100 万元的爆款文案""一条爆款，订单暴涨"……

不可否认爆款文案确实能够带来可观的收益，但过度追逐爆款于我们而言，实际上是背离初衷的。当然如果你的目标是成为流量王，成为网红，那么追逐爆款无可厚非。但只要你像我一样希望通过法律实现自己的价值，就一定要抛弃这种方式。

原因很简单，一个人的精力是有限的，当你投注很多精力在短视频的创作上时，留给当事人、留给案子的时间必然会减少。长此以往，专业懈怠，岂非本末倒置？

另外，在短视频平台上，关系可以是一对多、多对多、多对一等无数种组合，消费行为在这种关系中，可以无限延伸，触达每一个潜在用户。这就是为什么很多行业的某些账号，即便只有几万粉丝、仅发了几条短视频，依然可以卖出数万件商品。这个规律同样适用于律师行业，只要能够持续输出高质量文案，保持账号的一定活跃度，就无须过分担心我们后续的转化。

所以能够利用更少的时间，维持稳定的文案撰写质和量，是这条道路制胜的关键。

一、撰写短视频文案的四大原则

根据 2023 年 5 月巨量引擎发布的数据，抖音用户每人每天平均发起 3 次搜索请求，并且有 57% 的用户是在打开抖音 App 30 秒内就发起了搜索请求，主动搜索意愿非常强。除了主动发起的搜索行为，用户在抖音上刷视频的时候会通过评论区、视频底部相关推荐等方式点击进行搜索，这部分通过兴趣激发产生的边刷边搜的行为被统称为启发式搜索。这充分表明，短视频的发展已经由一种线上社交和娱乐方式逐步聚焦在“搜索”这一最贴近用户使用需求的功能之上。同时，在短视频内容生态下的搜索，用户的搜索行为起始于对信息的索取需求，但绝不止于用完就走。

举个例子，某个用户正面临被裁员的风险，他想要了解裁员的经济补偿金应该怎么计算，搜索的关键词可能是“裁员”和“赔偿”。在几十个视频中，他随机打开一个视频，如果视频描述的情况与他当下的情况一样：企业转产，经营方式调整，经变更劳动合同后，仍需裁减人员；视频输出的价值观迎合了他的心理：纵使企业千难万难，打工人的补偿绝不能少；这位律师看起来又足够可靠，他极有可能通过单条视频点进账号主页，观看这位律师的其他视频，进而对律师产生认可。

在这种情况下，我们的每一条视频都绝不只是单纯为了普及某个法律知识点，更重要的是通过一条条视频，逐步建立起与受众的关系。受众在推荐中看到我们的视频，可能是分享法律知识，也可能是借助胜诉案例传播口碑，只要视频里传递出来的观点与他的利益切实相关，或者符合他的情感倾向，就自然而然地能与他形成一种利益同盟或情感支撑的关系，当然这种关系越紧密越好。所以我们在撰写短视频文案时，有四个一定要遵守的原则。

1. 关联度

一定要输出与受众需求相匹配，与受众处境相关的内容。这是为了过滤掉无用信息，最快完成“双向选择”。“与受众需求相匹配”很好理解，目的是在短视频平台数以亿计的用户中，尽可能多地吸引我们的潜在客户。注意！我们的目标是客户，而不是简单的用户。

而“与受众处境相关”则是为了快速筛选出适合我们的客户。一定要谨记，我们做的是垂直领域的知识账号，是要通过价值分享，形成最终的案源转化，所以不要被铺天盖地的热点所迷惑，一定要考虑你所发的内容是不是你的目标受众喜欢看的、愿意看的。要做内容垂直的律师账号，不要变成“线上万金油律师”，专注、专业是我们在这个网红如海的平台上，重要的优势之一。

2. 专业度

一直以来，在律师行业渠道为王，只要你会宣传，就能获客。但如今，在短视频领域，懂一点皮毛，给客户念念法条，客户就会委托的时代已经结束了。

短视频平台的特点就是每一条视频都可以被用户反复揣摩，每一位律师都可以被用户反复对比，你在视频中的每一句话，每一个承诺都会被受众反复分析与评判。也就是说，平台为用户提供更多判断的机会，这实际上是对律师的专业能力的一种考验。所以在文案环节，一定要表达准确、指向到位、并恪守职业准则，专业一定是红线准则，律师提供给用户的不是娱乐价值，而是信息价值，是专业价值。

3. 传播度

律师的名声历来靠口碑相传，只要我们的能力得到大众认可，就能经久不衰、案源不断。但是，好口碑的建立过程十分漫长，漫长到足以让很多律师忘记自己的起点和初衷。之所以说做短视频是我们的机会，就是因为短视频平台有消灭距离、加速传播的特点，它能让传播变得更快速、更高效、更低成本。一条有传播力的文案能帮你减少的不单是传播成本，还有沟通成本，甚至是金钱成本。沃顿商学院市场营销学教授乔纳·博格一直致力于研究人们愿意传播和分享的动机，他研究发现“文案传达的情感是否积极”和“文案能否让人激动”决定了它成功与否。请你从观众的角度，或者看看你最近转发的文章和视频，它们是不是恰好能表达你想说的话或者曾经有过的感觉？所以通人性、有烟火味儿的文案，传播度会更高。

4. 说服力

最后也是最重要的：文案是否具备说服力是能否破圈的关键。我们所做的一切工作都是为了通过线上的展示、营销，最终能够与陌生人建立委托关系。

以上文那个面临被公司裁员风险的用户为例，在他输入搜索关键字后，平台会弹出几十个视频供他选择，他会点哪个视频有一定的随机性（当然基本上可以确定是点赞最高的那个，封面看起来是否专业也是因素之一，还有标题是否有吸引力等，我们稍后再进行分析）。在他看完整个视频后，发现公司给他的补偿不合理，想要维权，他会选择向谁咨询呢？这时候，与简单地观看视频不同，向律师咨询涉及时间成本、金钱成本以及后续的利益问题，基于这几点，此时的用户做决策会变得很谨慎。

在现代社会中，信任成本是很高的，也是很难通过流量等方式达成的。通过短视频平台与客户建立联系，虽然是一种改变传统行业惯例的方式，但其本质上仍然是一种“面对面”的交流，只是这种交流可能会被对方拿来反复咀嚼。我们要做的就是紧扣解决问题的具体方式，调动情绪，撬动客户参与互动的意愿，引导用户主动迈出这一步。

二、创作灵感的来源

讨论了文案必须遵循的四大原则后，我们对要输出的内容有了大致的概念，接下来的问题就是如何找到真正适合我们的选题。选题对了，视频就成功了一半。适合我们的文案选题由这几个方面构成：一是行业选题，二是案件选题，三是热点事件。

1. 行业选题

这是我们的强项。细分下来，有一部分行业选题是具有时效性的，我们可以通过对行业中的内容进行梳理归类，查找行业相关的政府宣发平台、行业头部资源平台，热点资讯账号等获取稳定可靠的素材来源。

例如，在 2020 年 12 月 4 日，针对社会关注的“冷静期规定是否不利于保护受家暴当事人”问题，民政部回应：“冷静期”只适用于夫妻双方自愿的协议离婚，对于有家暴情形的，当事人可以向法院提起诉讼，诉讼离婚并没有“冷静期”的规定。如果你是一位专注解决婚姻家事问题的律师，在该适用范围更新后，发布一条相关的视频既能为你带来热度，又能让潜在客户认可你的专业度。

还有一类是具有持效性的行业选题。建议你花费一些时间，把专业领域内常见的法律问题进行梳理归类，建立一个自己的选题库。以专注财产继承纠纷的律师为例，如“房产继承的税费”“遗产继承的方式”“财产继承的优先权”“老人没有留下遗嘱，财产该如何继承”“指定隔代继承会有哪些法律风险”等都是大部分受众感兴趣的选题，或者是潜在客户正在面临的问题。提前准备好各类文案进行应对，一定难不倒作为专业律师的你，这将对后续的内容持续输出大有助益。

2. 案件选题

包括我们经办的案件，他人经办的案件，甚至是各法院公布的典型案例，都可以是我们的选题。经验告诉我们：以案说法具有极高的说服力，更能体现律师的专业才干，也更容易让观众产生信任感。当然，要注意所选案例的普适性。每个案件都有其独特之处，但过于标新立异很可能会弄巧成拙，我们需要提炼案件中能引起大众共鸣的部分。

例如，人格权司法保护典型民事案例之养女墓碑刻名维权案。以下为案件的情况。

原告石某连系已故石某信夫妇的养女和唯一继承人，在居委会进行迁坟，需要上报镌刻名单时，石某荷未将石某连的名字上报。最终法院认为碑刻名关系子女的人格尊严，相应权益应受法律保护，石某荷在重新立碑时故意遗漏石某连的刻名，侵害了石某连的人格权益，应承担民事责任。

这一案件将人格权益纳入一般人格权予以保护，回应了社会发展所产生的新型人格权益保护需求，对类似案件的处理具有参考价值。但实际上，单就案件本身来看，该选题并不具备普适性，毕竟类似的事件少之又少，在不考虑文案撰写技法的情况下，仅就选题角度分析，这则文案的传播度是比较低的。

3. 热点事件

此类选题的时效性极强，带来的热度也很大。财经类、社会类、文娱类，只要与我们的专业领域相关，不生拉硬拽即可。一名专业的税务律师，或者未来想要深耕专业财税法律服务领域的律师，在某个明星出现偷税漏税的轰动性新闻时，大可借这个热点或严肃或诙谐地输出自己的观点，传播效果一定不会差。

这里介绍两个搜索热点的途径：一是直接在抖音搜索热点宝。当前热门的话题在这里都能找到，你还可以通过输入关键字，搜索相关内容的最热视频；二是抖音的创作者服务中心内有“创作灵感”推荐功能。如果你的账号被打上标签，如法律类、婚姻法律、征地拆迁律师等，抖音平台会自动推荐垂直领域下热度较高的视频和话题，供你参考。需要注意的是，热点事件带来的热度虽然大，但随之而来的极有可能是大量无效电话，为了避免耗费太多时间，一定要慎之又慎。

三、高质量文案的结构公式

在确定选题后，就要开始动笔了。首先我们需要掌握一个大原则，那就是尽量在30秒内结束视频，根据常规的语速建议，我们要将文案字数控制在 120～200 个字。

经过我的不断测试，这个视频长度是观点叙述完整度和观众注意力集中度的最佳平衡点，为了提高完播率，甚至可以更短。

你可能会有很多能反驳我这个观点的案例。很多短视频"大 V"发布的视频有时会长达一分钟以上，效果也非常好。但我们和"大 V"是不一样的。一方面，自运营的账号和由短视频运营机构精心打造的账号在视频质量方面确实存在差距；另一方面，短视频已经走过初期模式探索的阶段，曾经空旷无人的赛道上如今挤满了竞争者，我们需要找到一条后发赶超的"突进之路"。因此，长篇大论对前期的积累没有任何帮助。

接下来，我将把文案拆解成以下几个部分，视频标题、视频开头（前 3 秒）以及视频结尾。

1. 视频标题

视频标题直接关系每条视频的播放量，一定要做到直白且关键字突出。下面几个实用的小技巧分享给你。

（1）让受众产生好奇心

人们只要听到违背自己常识的事情，就会在脑海中产生"为什么"的疑问。又或是当别人抛出自己从未深入思考的问题时，一般人也都会有疑问，然后，为了找出解决问题的答案，就会想继续把内容看下去。例如：

根据《民法典》第 1042 条“禁止借婚姻索取财物”的规定，我们可以取一个标题：

明年结婚不需要给彩礼，是真的吗？

根据房屋赠与、继承和买卖的相关法律规定，如果将来该房产还准备再次出售的话，由于赠与过户要缴纳高额的所得税，所以买卖过户反而比赠与过户更划算。

我们的标题可以是：

如果你的父母要把房子留给你，千万不要收。

（2）果断说出大众的心里话

这个技巧非常适合律师使用，作为律师，我们要坚定地站在正义的立场上，为百姓说话。此时，由我们一针见血地说出受众想说的话，就能够引起许多共鸣，进而吸引更多粉丝。例如：

最高人民法院公布了法释〔2022〕14 号关于修改《最高人民法院关于审理人身损害赔偿案件适用法律若干问题的解释》的决定，该解释在适用范围上体现了城乡统一标准在所有法院受理的所有人身损害赔偿纠纷案件中适用，包括民事案件、刑事附带民事案件、海事案件，真正在全中国范围内做到了生命同价。

我们的标题可以是：

城里、农村都是人，理应同命同价！

针对社科院公布的数据，有近三成的青少年都遭受过网暴，我们可以呼吁：

网暴，是时候该停止了！

（3）加入具体数字或时间

当你想要传达某件事情时，放入具体数字就能增加说服力。常用的句式有：

承租厂房拆迁，六项补偿不能少！

如果你想按揭买房，这条视频帮你节省几十万元。

借钱超过三年，就不用还了吗？

仅用一个月时间，为委托人争取到5套安置房。

30秒让你知道，欠钱不还的人会怎么样？

2. 视频开头（前3秒）

视频前3秒对短视频而言是一个十分重要的时间点。在抖音、快手等短视频平台上，用户动动手指就能享受到刷之不尽的短视频盛宴，这让他们的耐心变得极为有限，如果一条短视频不能在3秒内引发他们的兴趣与好奇，那么等待它的就只有被划走的命运。更为致命的是，如果“被划走”的次数过多，整体完播率会被拉低，这条视频就会被系统判定为低质量视频，这将直接影响平台给账号的流量分配。

这里我们需要注意一个叙述方法，就是"信息前置"。娓娓道来可能会讲好一个故事，但绝不是适合短视频的表达方式。撰写短视频文案，我们需要在最短的时间内告诉观众：这条视频的观点是什么？看完这条视频你能得到什么？或者不看这条视频你会失去什么？例如：

工资压一个月再发，违法吗？违法！这属于用人单位无故拖欠劳动者工资的行为，违反了《劳动法》《劳动合同法》《工资支付暂行规定》等相关法律规定。工资应当以货币的形式按月支付给劳动者本人，不得克扣或者无故拖欠劳动者的工资。您了解了吗？

这条文案开篇即点明工资压一个月再发的行为违法，能直接引起受众的共鸣，让其有继续观看的欲望。

补偿协议没有这三项千万别签字！总有当事人问我补偿协议能不能签字，今天律师教大家，合法协议必须拥有这三项内容。第一，补偿款的总金额和各项补偿内容的明细；第二，补偿款的支付时间和支付方式或是安置房的面积和具体位置等；第三，违约责任等事项，如果征收方违约，这项对我们后续维权非常重要。

这条文案干脆利落地在前 3 秒时间告诉受众，看完这条视频，你就知道送到你手里的协议到底能不能签字，这种表达方式能有效地降低视频被直接划走的概率，并且在很大程度上能成功引导受众完成观看。

3. 视频结尾

结尾要尽量植入软性引导语言。例如，引导受众对视频进行操作：

您明白了吗？赶紧点赞收藏并转发给亲朋好友！

您觉得呢，欢迎评论区来告诉我。

此类引导能够有效地提高视频的点赞比，提高视频的传播力。

或者引导受众主动维权：

如果您遇到了类似的情况，一定要拿起法律武器！

也可以植入一个记忆点，例如：

关注某律师，过上好日子。

关注某律师，让您不吃亏。

当然，记忆点可以出现在视频的任何位置，并不仅限于结尾。法外狂徒“张三”想必所有人都耳熟能详。想要吸引受众，留住受众，就一定要给他们留下“记忆点”，让他们印象深刻，只要看到相关的内容，就能想到我们的短视频内容，甚至在有相关需求时，也能立刻想到我们。

讲完每个部分需要注意的事项，我们回到这一小节的标题：高质量文案的结构公式。很难说有一个万能公式能适用于所有情况，适配每个人的风格，但我还是总结了几个公式，希望能够帮助初入短视频领域的律师，尽快成长起来。

公式一：开头直接点明所遇问题＋描述事件（结合案例）＋结尾给出解决办法，软性引导（个人论点）

——开头直接点明所遇问题

耕地建房被卫星拍到后强拆，怎么办？

——描述事件（结合案例）

在广东、河南等地因为宅基地存量不够，早在十多年前就出现由村委会统一规划耕地，提供给村民建房的现象。可如今村委会和有关部门拒不认账，只是因为被卫星拍到，就要把村民的唯一住房直接拆除。这种行为根本没有考虑村民的居住权和财产权，严重侵害了大家的合法权益！

——结尾给出解决办法，软性引导，并加入记忆点

如果您也遇到了这类情况，一定要在60日内申请复议、6个月内提起诉讼，拿起法律武器维护自身合法权益！我是某某律师，我为您的合法权益而战！

公式一是我们最常用的模式，还有各式各样的变体，例如：

——开头提问引发好奇

农民砍自家的树卖钱，为什么被判2年？

——描述案例（结合事件）

山东的李某在自己的地里种了700棵树，砍掉之后卖了3万元，没想到过几天，警察找上门，说他砍树的行为构成滥伐林木罪，被判处有期徒刑2年，缓刑2年，并处罚金1万元。这是为什么呢？

——给出问题的答案

因为我国砍树需要办理采伐许可证，如果没证砍伐达到10立方米，就构成滥伐林木罪。您可能会问，砍自己种的树也需要办证吗？需要，除非你砍的不到10立方米。

——结尾软性引导，并加入记忆点

您了解了吗？关注某律师，过上好日子。

公式二：点明观点+结果先行+描述过程+结尾翻转或升华

——点明观点

“安阳王”的结局，人和狗都别嚣张！

——结果先行

23日，全网发酵了2个多月的河南安阳狗咬人事件有了结果，身为公职人员的王某刚被撤职，与之相关的多人被处理，涉事的狗也被“收容”。

——描述过程

我们回头复盘一下这件事，当被咬的老人拿着视频证据找到王某刚要个说法时，得到的结果是什么？是王某刚的无视，是不明身份人员手持警棍的驱赶。

——结尾升华

法律以证据和事实说话，他选择无视，难道法律就拿他没办法吗？当然不是！权为民所用，任何滥用职权，侵害老百姓合法权利的行为都必须付出代价！

公式三：情感宣泄（制造冲突）+描述痛点+解释问题

——情感宣泄（制造冲突）

村委会无故不受理住宅用地审批，违法！

——描述痛点

法律明确规定农村要“户有所居”，决不能因为村委会的不同意或者不批准，农民的住宅用地权益就被损害。

——解释问题

因此，如果村委会无故拒绝受理村民的宅基地审批申请，或者无理由作出不予批准的意见，大家可以依法向人民法院起诉，告他！

上述文本结构的建议是我根据既往的经验得出的，在你对受众足够了解，对短视频运营也有了心得后，自然能够形成自己的独特风格，也会了解到底什么样的内容会更受欢迎。

四、短视频文案的语言特点

短视频文案和普通文案有一个较大的区别，那就是短视频文案的呈现形式是一段音频，它需要被出镜人念出来，然后以声音的形式被受众接收。这就导致短视频文案不需要十分严密的逻辑，其遣词造句较精致有美感而言，更需要有节奏感和韵律感。

律师的语言体系是“特别的”。在正式成为一名优秀的律师之前，我们花费数年，甚至数十年时间重塑自己的语言体系，用更精练的语言输出最严密的逻辑，也就是所谓的“法言法语”。

这恰恰与短视频的传播逻辑是相悖的。因为短视频平台的受众是普通人，传播方式主要依靠视觉和听觉，所以我们需要建立新的语言体系，用鲜活有趣、简单易懂的语言去解释或者描述一个事情，以便受众能毫无障碍地接收到我们要传达的信息。

当然不是说我们要放弃严谨，去学习轻佻，有时恰恰是我们言语中不经意说出的专业词汇最能在无形中打动受众。正如我们到了一个地方，就要遵守一个地方的规矩一样，选择进入短视频领域，就要遵循短视频传播的规律。

有时候这两种语言体系会疯狂“打架”，直到现在我个人仍然如此。相信每一位阅读本书的律师都会面临这样的情况。我们的敬业使然，这无法避免，但大家还是应该尽量克服。举个简单的例子，如果你想在视频里讲述法律上关于夫妻债务的约定，你可能会这样说：

如何判断夫妻债务的约定呢？在认定婚姻关系存续期间的债务是否为个人债务时，关键还是要看证据。证明夫妻共同债务是在婚姻关系存续期间，夫妻双方或者一方为夫妻共同生活对外所负债务。所以，如果能证明该债务不是发生在夫妻关系存续期间，或者能证明该债务没有用于共同生活，就应当认定为个人债务，用债务人的个人财产清偿。

这是一段非常专业、精练的解读，但绝对不适合被拍成短视频。要想易于在短视频平台上传播，你应该这样表达：

老公欠的债，老婆要还吗？以下三种债，老婆不用帮忙还：第一，老公欠的个人债务；第二，老公欠的高利贷、赌债等非法债务；第三，老公欠的钱没有用于家庭共同生活，没有经过妻子签字同意和事后追认的。夫妻财产一定要分清，这种法律，您支持吗？

借由这个例子，我想向你阐述短视频文案的语言特点。

1. 短而有力

语言有强弱之分。强而有力的话语，就是会刺入人心、令人印象深刻，以及听完就想立即行动的语言；而弱的语言无法撼动人心，甚至无法让人完整地听下去。很多文案大师都表示，越简短越有力。只要能够浓缩想传达的重点，并说得简短有力，传达到对方内心的速度就会加快许多。也正因为如此，刺进接收方心坎的可能性便会提升，甚至让对方念念不忘。此外，短句也能有效降低用户对内容的理解门槛。

2. 有节奏感

早在 20 世纪 60 年代末 70 年代初期，当时的流行语大都是出自广告中节奏感强烈的文案。由此我们可以看出，节奏感较快的文案能瞬间进入人心。想要提高节奏感，就要避免传达冗余的信息，如果在文案中加入过多信息，不可避免地会降低传达的速度。采用并列的句式以及押韵的文字，也是能有效提高节奏感的小技巧。

我们结合上面两点再来回看上一条文案。

第一，老公欠的个人债务；

第二，老公欠的高利贷、赌债等非法债务；

第三，老公欠的钱没有用于家庭共同生活，没有经过妻子签字同意和事后追认的。

首先，全长约100个字，最长的一小节（这里将逗号作为一小节的分割点）为15个字，最短的仅有2个字，没有一个字是多余的叙述。其次，每一句几乎都是以“老公欠的”开始，既有韵律感，又从语言上强调了“债是老公欠的”，在情感传达上暗含了对“老婆”这一受众群体的支持。如果你不能理解我的分析，可以读一读相关内容，不是默念，而是大声地读出来，相信你立刻就能理解我的意思。

3. 感情真挚

当一个人一心想要通过语言撼动他人时，往往会不小心使用过多的技巧，反倒弄巧成拙。所以如果我们对某件事颇有感触，不妨直抒胸臆，这样的语言也拥有强大的力量。

新官不理旧账？违法！明明说好可以建房，换了领导就成了违建。招商引资企业免办审批手续，换了领导竟全不作数了。新官不理旧账的行为将百姓和企业的利益置于何处?！对此，中纪委、最高人民法院出台规定，针对因政府换届、领导人员更替等理由违约毁约侵犯公民合法权益的，必须承担法律和经济责任。如果您也遇到了类似的问题，别慌，告他！

没有复杂专业的词汇，直截了当地说出自己想要传达的强烈心意，就足以撼动人心。

好的短视频文案一定是念出来的。因此在创作文案时，你可以养成将文案念出来的习惯，这样一定能找到最合适的语感。

五、创作的常见误区

1. 误认为文案写作需要非常好的文采，忽视通俗易懂的力量

大家通常会认为，文案写作需要好的文采，因此以自我为中心，忽略受众视角，咬文嚼字，引经据典。诚然，辞藻华丽确实是一种高级的文案创作方式，但绝对不适用于短视频平台。不妨认真思考一下，如果受众真的有法律服务需求，他们是否愿意停下来，欣赏晦涩难懂的生僻表达？所以是否有文采，并不能决定文案写作的好坏，能让受众看得懂，能否像对话一样说到受众的心坎里，才是决定文案生命力的关键。

2. 不考虑受众的接受度，只按照自己的表达喜好输出观点

我们先举一个反面例子：

行政法律师总说可以维权是什么意思？有当事人问我，民事律师总说能不能起诉，一审、二审如何这类专业词

语，行政法律师总把维权这个词儿挂在嘴边，为什么呢？其实是因为民事案件一般经历起诉、应诉、一审、二审这些法律程序就结束了。而征收拆迁中的维权不止这些，可能会同时启动信息公开、行政复议、行政诉讼、谈判调解、要求查处等各种复杂的程序。一个案件下来往往要启动数十个程序。我们只能用维权这个词来概括我们做的工作。

这个文案看似说出了征地拆迁领域律师的核心竞争力：常需同时启动数十个程序，复杂程度远超民事案件。但受众看了可能不为所动。“信息公开、行政复议、行政诉讼、谈判调解、要求查处”是行业内熟悉的词语，但是非法律专业的人一定看不懂。你熟悉的，受众却不熟悉；专业的用词，用户却觉得你不专业。这样一篇文案，如何能打动受众呢？

3. 试图在一个文案中解释清楚两件甚至更多事情

我们可以在一条视频里输出很多内容，但一定要记住，所有内容都要围绕一个主题和观点，否则，贪多嚼不烂。

反面案例：

孙子能继承爷爷的遗产吗？在遗产继承顺序里面是没有孙子的。但如果父亲先于爷爷死亡，这涉及孙子的代位继承问题。《民法典》第1128条规定，被继承人的子女先于被继承人死亡的，由被继承人的子女的晚辈直系血亲代位继承。代位继承人一般只能继承被代位继承人有权继承的遗产份额。《民法典》第1127条第1款、第2款规定："遗产按照下列顺序继承：（一）第一顺序：配偶、子女、父母；（二）第二顺序：兄弟姐妹、祖父母、外祖父母。继承开始后，由第一顺序继承人继承，第二顺序继承人不继承；没有第一顺序继承人继承的，由第二顺序继承人继承。"

从标题可以看出，这条文案最初只想说明孙子到底有没有对爷爷遗产的继承权，因此只讲清楚代位继承一个问题即可，无须引用《民法典》第1127条的规定，解释遗产继承顺序，如此一来，反倒拖泥带水，主次不分了。

六、短视频违禁的敏感词

抖音、快手等短视频平台作为短视频领域的巨头，有丰富的流量资源，为了平台发展的规范化，出台了一系列要求。在这一小节的最后，我将短视频平台上违禁的敏感词给大家做个总结，如果账号达到一定的粉丝量，开始进入粉丝增长期，这个时候，千万注意，不要踩到平台的"雷区"。

1. 禁止使用最高级词汇：最高、最低、最、最具、最便宜、最新、最先进、最大限度、最佳、最大、最好、最受欢迎、最先等含义相同或相近的绝对化用语；

2. 禁止使用绝对值词汇：绝对、专业、著名、精确、全国唯一等没有办法考证的词语；

3. 尽量避免直接出现国家全称词语、领导人姓名、行政机关全称（如国务院、政协委员、党委、市政府）；

4. 可以出现数额，但不要带元/钱；

5. 禁止直接出现违规类词汇：刑讯逼供、黑恶势力勾结、领导官员不作为等；

6. 禁止出现强引流或暗示引导语句：咨询我、如果您也遇到了类似的问题，欢迎私信我等；

7. 严禁使用民族、种族、性别歧视用语；

8. 严禁使用虚假宣传用语：胜率 100%、全国最好、保证能赢等一系列虚假或夸大的词语；

9. 严禁使用疑似欺骗用户的词语：点击获取、免费领取、全民免单等词语；

10. 严禁散播负面信息或使用与负面信息“谐音”词语；

11. 严禁使用有明显营销意图的词语或添加联系方式；

12. 严禁使用需资质认证领域的词语，如金融、医疗；

13. 严禁使用不文明用语。

第十五章

角色定位：

如何保持良好的出镜形象

学完了文案写作的一些技巧，相信各位已经对如何写出爆款文案有了自己独到的见解，有了爆款文案，那么如何把它呈现出来呢？这就是我们这一章所要讲解的内容。本章我们分为两个部分，拍摄前的角色定位和拍摄过程中的各项事宜，从“两个维度一个整体”全方面讲解如何做出一条好的视频。

一、拍摄前的角色定位

1. 角色定位：如何确定自己的风格

很多账号的运营者，在运营一个新账号之前，都会犯一个共同的错误——对自己没有明确的角色定位。做账号时抱着走一步看一步的态度，视频的风格和想法不断切换，不知道自己要拍什么，也不知道如何去拍，还把这种错误美其名曰“不断尝试”。这种情况是做新媒体账号的一个大忌，因为一开始就不知道你要往哪个方向发力，就像发起了一场冲锋，却没有找到敌人，最后只能无疾而终，所以做账号前的角色定位是能否把账号做起来的关键。

那么如何明确自己的角色定位呢，所谓知己知彼百战不殆，就是在确定自己的角色定位之前，首先向同类型的对标账号学习一下，看看他们是如何定位自己的角色形象的，又采取了何种的表现形式，分析他们的各项数据，然后根据这些因素，打磨定位自己的角色形象。

2. 表现形式：如何展现最好的你

提到表现形式我们可以将其归为以下几类：真人上镜、图片轮播、视频混剪、字幕跳动等。

大部分律师类账号采用真人出镜形式，因为真人出镜一方面可以更多地增加律师在观众心中的可信度，另一方面也可以增加自己在圈内的知名度，另外如果自身有擅长的才艺，那可以另辟蹊径，如采用三句半形式普法等或许能够带来更多的流量和观众黏性。另外，还有一部分账号采用图片轮播的形式，这种形式操作简单，成本低，但后期变现效果较差。

3. 出镜风格：如何塑造自己的角色

人物风格的定位和人设的打造要基于你的受众客群，针对不同的受众展现他们喜欢看的画面内容，例如，围绕“职场人”这个主题，可以拍摄生活的场景、职场的工作内容，以不同的视角，寻找挖掘有趣好玩有料的桥段；围绕“律师”主题可以拍摄普法短剧、律师办案过程等，也可以多人、多账号联动，共同打造账号的人设形象。但无论采用何种内容形式、何种表现风格，都需要在一分钟内把自己想说的、想传达出去的内容表达清楚。

4. 差异化优势竞争突围

如今新媒体账号同质化越发严重，从近乎相似的场景到近乎相似的内容，观众每天都在不断重复的“视频堆”里翻看，多少会产生一些审美疲劳。产生这种现象的原因一方面是同行业在抖音的角力越发激烈，大家都想乘着抖音这艘大船，分得流量的红利；另一方面在有一个账号创新了一种新形式并火了以后，就会立即引来其他人争相模仿，因为模仿永远是降低成本的最好办法。那么如何在同质化如此严重的情况下成功突围呢？

讲得比别人更好：这个“讲得比别人更好”指的是在视频拍摄时演绎得比别人更生动、情绪更到位，因为大家如果讲相同的内容，观众在观看时，永远会选择那些更能带动自身情绪的视频，所以如果要想在竞争激烈的赛道中突出重围，那么视频拍摄时的“表演”就要做到精益求精。

做得比别人新：如拥有团队、道具等。这一点，通俗讲就是要懂得创新，善用创新，在新媒体时代，观众喜新速度越来越快，持续给观众营造出一种新鲜感，就成为留住观众的必选项。那么如何营造新鲜感呢？第一，我们可以在视频中适当地变换拍摄场景、着装，增加道具等；第二，可以适当地更换表现形式；第三，可以与其他主播互动，增加趣味性。

改变环境参数：场景的选择是另一个可以提升差异化的方式，同类型的账号场景的不同，可以让观众产生更多的兴趣，一个视频不同场景的混搭模式，有时也可以产生意想不到的效果。

二、拍摄过程中的各项事宜

前面我们用一些篇幅讲解了拍摄前如何做好角色定位，那么接下来这部分，我们将着重讲解在视频拍摄的过程中应该注意的各项事宜。

（一）拍摄前的准备工作

1. 熟悉文案：让你能够更从容地面对镜头

把熟悉文案放在拍摄过程中应该注意的各项事宜的第一位，各位就可以知道这点是多么的重要。之前在与律师对接的过程中，他们总是会向我提出一个相同的问题，就是如何才能在镜头前表现得更自然，在拍摄的时候更流畅，我回答他们的，几乎都是统一答案——“熟悉文案”。当然了，也有个例，有些人天生对镜头就有一种胆怯感，看到镜头就害怕，浑身不舒服，即使对文案可以倒背如流，但只要镜头一摆，就会忘词，浑身出汗，如果是这种情况则更多的是需要克服心理上的障碍。各位作为律师，这种需要专门跟人打交道的职业，出现上述胆怯镜头的情况基本上不存在，所以如果在镜头前表现不自然，那么问题基本上就是对文案不熟悉。

熟悉文案应该达到什么样的程度，有的律师一次拍十几条视频，一条视频两三百字，要全部背下来，无疑给自己增加了相当大的工作量。

我在这里所讲的熟悉文案，并不是要求大家把文案一字不落地全部背诵下来，而是希望大家能够知道整篇文案想要表达的内容，理解其想表达的意思，在此基础之上，可以有一些自己的见解，这样就足够了。

2. 着装搭配：衣装得体让你从容自信

衣服的选择需要得体，律师类视频拍摄应以商务服装为主，颜色不宜鲜艳，出镜服装要遵从“三色定律”——身上的颜色不超过三种，因为颜色过多会显得人不稳重，另外建议男律师打领带，全身出镜的视频应穿皮鞋。

女律师在选择衣物时有几点禁忌要避免：第一，纱状、蕾丝的衣服不要穿；第二，透视，能看到内衣颜色的衣服不要穿；第三，衣领过低的衣服不要穿。

律师如果选择以口播的形式录制视频，那么在镜头前，就应该展现给观众一种精英的感觉，如果穿着邋遢、不修边幅，或者穿着与职业不搭边的衣服，如卡通动画、暴露、颜色鲜艳等衣服，就会让观众产生不信任感，进而造成信任的缺失。

如果想走搞笑的风格，或者剧情演绎式风格，那么衣服的选择搭配，就需要根据具体情况进行搭配。

3. 发型妆容：快速提升气质

发型方面一定要注意杜绝奇异发型，保持发型干净、整齐、清爽，在视频拍摄前要打理好发型。男律师把自己的头发梳一下，胡子打理干净；女律师可以画个淡妆，头发梳理整齐，毕竟好看的皮囊也是需要一点辅助才能展现出来。

配饰方面可以根据自己的情况进行选择，男律师可以戴手表，但是表盘表带越简单越好，切记不要戴运动手环、运动手表之类的，这样多少会显得与整体风格不搭，如果做不到，建议不戴配饰。

女律师佩戴首饰的话，不能把自己打扮得太过光彩照人，数量不要超过三样，配饰和衣服要同质同色，如果要戴耳环，建议戴小耳钉，避免戴那种不仅长还很闪的耳环。

4. 精神面貌：以饱满的情绪征服观众

拍摄视频前需调节好自己的情绪，保持精神抖擞、情绪饱满的精神面貌，展现出精英风范，杜绝情绪萎靡不振、焦躁。如果面容过于疲惫，可以稍微化些提升肤色的妆容。

5. 与其他工作人员沟通想法

这一点，适用于那些有专门团队的律师，这些律师在拍摄前就应该与文案提供者、视频拍摄者沟通自己的想法，商讨是否要修改内容、拍摄时是否要增加道具、拍摄场景的选择等问题。

（二）拍摄中的注意事项

这一部分，我们以口播类视频为例，因为如今在短视频平台，律师类视频还是以口播的形式为主，这也是最容易操作的一种形式。既然想拍口播类短视频，就得先弄清楚，口播类短视频有哪几种类型，分别需要具备什么样的条件，哪一类适合自己。

1. 采访类

采访类，也可以叫问答类，就是一个人提问，另一个人回答。采访类短视频的好处就是模仿用户熟悉的场景，我们以前看的新闻、纪录片都是这种类型，用户在潜意识中是有好奇心的。这种方式对于拍摄的律师来说，也增强了互动性，表述的时候有了对象，表达也会更自然。

采访有两种形式：第一种是固定镜头的采访，拍摄律师直接做观点陈述；第二种是真实的户外场景，拍摄律师可以来回走动，这种形式发挥的空间更大，更自然。

2. 演说类

这一类的口播视频，对拍摄场景有一定的要求，需要布置出一个会议演讲的场景，台下最好要有听众，这样可以产生互动。如果没有条件的话，可以把自己参加线下会议的精彩片段节选出来，做成视频。

这种会议演讲式的口播类视频，既能够让用户觉得你很专业，也能够引起用户想看的欲望，生怕自己会错过什么。

另外还有一种教学类场景，以授课、科普的形式演讲。这种场景可以直接布置一个讲台，也可以坐在有电脑和电视机的办公室内，或者设置一个手写版背景，然后比较正式地和大家分享知识，这样的口播形式，大家会觉得你很专业，增加了可信度。

3. 自拍类

第三种是自拍类口播短视频，这种形式在短视频平台中最为常见，这种以“我”为视角的方式拍摄手法，能够让用户觉得自然，拉近了距离感，没有故意摆拍的隔阂。

下面分享两种自拍的类型。

第一种是个人手持相机或用手持辅助工具，拍摄的时候不必担心自己是不是一直在镜头里面，偶尔一些镜头有抖动，自己出现半个身影都没关系，有时还要特意给用户看一下周边的环境。

第二种是不用手持，把拍摄设备摆好，以直播、视频聊天的方式表达自己的观点，这种类型的拍摄对镜头前的表现能力有很高的要求，只有表现得越真实，用户心里对你的抵触才会越少。记住拍短视频时，要么让用户觉得你专业，要么让用户觉得你平易近人。

（三）拍摄中各项因素的重要程度

了解了口播类短视频的几种形式后，我们就要讲解在视频拍摄时应该如何把握，这一部分我们可以用百分比的形式概括它们各项的重要性，50% 的视频拍摄时的情绪表现，35% 的肢体语言，15% 的其他。

1. 视频拍摄时的情绪表现（50%）

短视频的拍摄，七分内容，三分演绎。同样是经典语录、经典案例，为什么你读出来没人听，而相同的内容别人播放量就高？那是因为你不懂演绎，你只是在读稿，在没有感情地叙述一件事情。想获得播放量、想获得观众的认可，就需要做到在表达内容时，针对不同风格的文案，把用户心里的情绪表达出来，愤怒、喜悦、伤感、惊喜等，能把握好视频风格的整体走向，知道哪里是重点，需要加重语气，哪里需要减缓语气，收放自如，要在该深沉的时候深沉，该喜悦的时候喜悦，要让用户置身其中有代入感，这是评判一个内容好坏的标准。

那么，有些律师就会产生疑问，我之前没有拍摄视频的经验，在拍摄时我表现不出来怎么办？这个问题在上一部分拍摄前的准备工作中，我已经给出了答案——“熟悉文案”。熟悉文案的过程，也是你思考如何拍摄的过程，这个过程不要只是拿着稿子看，一定要读出声来。读的过程思考一下：这个内容我在写的时候心情是什么样的？我如何让观众更能体会到我的心情？这句话我应该用什么样的语气去讲？讲到哪句话的时候可以加一个手势来强调我要说的内容，哪句话的关键词我要用加重语气的方式强调出来。

有了这样的准备之后，再去拍摄，自己的情绪就可以被充分调动起来，才能保证你的作品能够充分地打动观众。可以回想一下过去看过的那些你点赞的视频，你就会发现很可能你已经想不起来那些视频的内容了。但是你在看作品的时候，那种全程被他的情绪带着走的感觉是你最难忘的。

在这里再给大家讲解一个名词**“黄金 5 秒钟”，短视频滑屏的形式，把观看内容的选择权交给了用户，创作者们**

都在抢夺观众的注意力、观众的时间。所以前 5 秒的视频，就决定了视频最终的播放量。如何在黄金 5 秒内，激发用户浏览的兴趣呢？除了内容，还可以在“表现”的过程中尝试以下方法。

（1）预告法：例如，视频开场以略带悬疑的语气说，“今天和大家分享三个零成本赚钱方法，第三个最重要”。类似这样的开场，目的就是吸引大家去看后面的内容。

（2）挽留法：这种方法，一上来语气就要显得特别急促，表情可以表现得着急些，“别划走，别划走！等一下，等一下！快来快来！”，有时候博主会从镜头远处跑来，有时候会用手敲敲镜头、敲桌子，这会让一些观众觉得有互动感。

（3）前置法：这种方法，偏向剪辑时的操作，剪辑时把视频里最具冲突的、惊喜的、神奇夸张等镜头放在最前面，例如和别人吵架，突然摔倒了，令人口水直流的美食等，这种做法能引起用户的好奇。

上面这三种技巧，选择合适的演绎方法，表现出合适的情绪，是获得播放量的重要因素，诸如此类的方法还有很多，但是不要生搬硬套，而是要结合自己的风格、拍摄的内容选择合适的。

最后补充两个在拍摄视频时，各位律师经常会遇到的问题，“如何在拍摄时把握好情绪、语气？”和“拍摄时没有镜头感、害怕镜头怎么办？”。

先回答第一个问题，这就需要对文案的内容特别熟悉，知道整篇文案要表达的内容，能有自己的一些见解，甚至可以脱稿拍摄。

第二个问题，没有视频拍摄经验的律师，刚开始拍摄时都会或多或少出现害怕镜头、表现不自然等问题，遇到这种问题不用着急，在拍摄几次视频后就可以逐步缓解这种紧张感，在前期拍摄时如果对拍摄效果不满意可以多拍几遍，不要嫌麻烦，在日常生活中也可以试着把平时打字交流的方式转换成发语音的方式。这种方式可以迫使自己在说话的时候注意自己的发声、说话的语气，特别是能够锻炼连续流畅地进行 30 秒语言表达的能力。这样就可以在潜移默化的日常生活中进行语言表达练习，帮助自己提高用声音传递信息的能力；还有一点，要坚持拍摄，开始的时候可以短一些，如 15 秒、20 秒，逐渐把视频长度加长，这样更高频率地刻意练习，会让自己在镜头前表现得越来越自然；最后就是盯着镜头不要躲闪，和镜头之间的配合也需要磨炼，如果开始的时候确实无法保证自己的视线一直集中在镜头上，可以撕一张便利贴，上面画一个圆点，贴在手机后面，拍视频的时候眼睛可以跟着这个黑点看，这样眼神马上就集中了。

2. 肢体语言让你的视频不再单调（35%）

拍摄视频的时候，要学会运用肢体语言，靠肢体语言增强视频整体的可看性，而且肢体动作的变化，也可以增加视频的表现力度，在口播视频时，手部动作应有变化，但肢体语言不宜过度频繁，过度频繁的画面会产生凌乱的感觉。

3. 其他（15%）

其他这一点是指针对特定的视频，拍摄时可以增加道具、更换场景、衣服，增加视频趣味性和可信性。例如，有些年轻律师，因为年龄、外貌等因素，在视频中会显得稚嫩，进而使观众产生不信任感，针对这种情况就可以采用一些道具物品，如黑板、判决书等。

（四）选取符合定位的拍摄场景

一直有律师向我咨询拍摄场景应该如何选择的问题，这个问题确实没有一个固定的答案，因为如果我说必须在书架前拍其他的地方不行，就会把你的思维禁锢住，造成在视频拍摄时可发散创造性的缺失。

针对这个问题，我也可以给各位一些建议，尽量保持背景的干净、避免背景过于跳跃，导致画面和主题人物相互抢镜；另外，场景的选择也要与文案的内容相搭，否则会有一种奇怪的感觉，总的原则就是要干净不要混乱，要符合自己的职业形象。

第十六章

拍摄实操：

设备的选用及使用技巧

提到拍视频，很多人想到的是要准备很多专业设备，让自己的视频有更好的画质和音质。这种想法方向是对的，抖音平台目前推荐的机制中，画质和音质的水平是一个很重要的判断依据，画质优良、声音清晰的视频的确会比一般的视频获得更多的推荐。

但是专业的拍摄设备需要我们投入的不仅是更多的资金，还需要更多的时间和精力学习使用这些设备，而且在拍摄时操作难度也会增加，包括色温的调节、感光度、对焦等。这无疑会给没有专业摄影技巧的律师增加拍摄成本。

手机是我们常用的拍摄工具，而且随着时代的日益进步，手机的功能也变得越来越强大，像素分辨率也越来越高，最重要的是手机拍摄操作简单，对没有拍摄经验的人相对友好，而且只要操作得当，拍出的成品视频经过剪辑也不比专业设备拍摄得差。

为了能够快速着手进行拍摄，我们将以手机作为拍摄工具进行讲解，用手机拍摄为了保证视频的音质和画质优良，需要我们准备 4 种设备。

一、设备的选用

1. 选择合适的手机

抛开品牌背后各种与画质无关的因素，在手机拍摄领域的选择只有两种，iPhone 和其他手机。拍照好看的手机选择很多，但是要让自己的形象在视频里看起来更立体、更真实，iPhone 是最优的选择，iPhone 8 之后的型号都可以保证视频有足够优质的清晰度。

当然日常使用的其他品牌手机的机型，例如华为的 P 系列和 mate 系列，也能够达到近似的画质水平和声音水平。

使用手机进行拍摄的时候有一点需要注意：拍摄的时候清晰度选择 1080p 即可。虽然现在大多数手机支持 4K 清晰度的视频拍摄，但是抖音目前还不支持 4K 视频的播放，为了保证既能够有足够的清晰度，也避免因为视频文件过大让后续的剪辑和上传出现不必要的麻烦，日常拍摄选择 1080p 的清晰度就可以了。

2. 补光灯如何选择

为了给观众展示一个可靠、专业的形象，一个清晰明亮的画面能给观众留下良好的第一印象。在自然光线不足的情况下，就需要补光灯的帮助了。

市面上补光灯的样式和品牌多样，有两种样式的补光灯推荐给各位，如果有相对固定的拍摄地点，可以选择带支架的环形直播补光灯，这种补光灯经济实惠，不仅能够解决照明的问题，还可以顺带解决手持拍摄画面晃动的问题。

还可以选择平板式的补光灯，这种灯同样能够满足拍摄的基本需求，摆放相对也比较自由，体积和重量都很小，出差时携带也很方便。

3. 收音设备的选择

有了上面两个设备，已经可以基本满足日常的口播视频拍摄需求了。如果想要让自己的视频质量更高一些，就可以在优化作品音质上下一些功夫。收音设备比较容易实现的就是使用蓝牙耳机，建议选择 airpods 这类外形比较简洁的蓝牙耳机，不建议使用带线的蓝牙耳机，免得在观众看视频时只顾着看你耳朵边晃来晃去的耳机线，注意力不能集中在你和你讲的内容上。

4. 提词器的作用

如果拍摄设备是相机之类的，那么可以在网上搜索“提词器”，选择一款合适的就可以了；如果拍摄设备是手机，可以选择一款支持手机屏幕提词的软件，例如提词全能王、爱提词，上述提词器软件都可以调节字体的大小、滚动速度的快慢，也都支持悬浮题词功能，可以一边拍摄一边看文案内容，这种方式可以改善长文案的拍摄表现。

二、拍摄技巧

在用手机拍摄的过程中，我们需要注意哪些拍摄事项？有没有技巧？下面我将把用手机拍摄视频的一些技巧分享给各位，希望在拍摄时可以用得上。

1. 稳定和对焦

手机视频的拍摄其实与手机照片的拍摄原理一样，保持手机的稳定性，尽量不要晃动，因为晃动会导致无法对焦，对焦就是使用拍摄设备时调整好焦点距离。

保持稳定性和调整好对焦，这是完成视频拍摄的第一步，如果无法避免晃动，也可以把手机固定在一个位置进行拍摄。

2. 水平拍摄

短视频平台发布的视频大多数都是竖屏视频，在拍摄时手机也多会选择竖拍，因此竖拍时拍摄角度的选择，也要根据不同的文案内容，变换表现形式，大多数拍摄画面都会选择水平拍摄，就是平视镜头，因为这样会给观众更亲近的感觉，拍摄出来的效果也更有舒适感。

3. 合适的光线角度

光线对于拍摄效果非常重要，如果没有找好拍摄角度，夹杂着光线的照射，会使拍摄的人物和景色凸显不出美感，所以拍摄时可以采用背光的角度拍摄，避免那些阴影和暴露的视野，学会利用光线进行拍摄，通过变换角度拍摄不同的具有美感的画面。

4. 运镜

在拍摄短视频时，运镜是不可缺少的拍摄技巧。运镜基本包括：推、拉、摇、移、跟、升降、甩，我们拍摄视频最常用的就是推、拉、摇、移。

推镜头，就是拍摄的一方由远向近慢慢靠近被拍摄物体。

拉镜头，是指从被拍摄物体的近处，由近向远慢慢拉开。

摇镜头，就是手机拍摄位置不变，只依靠镜头的变动调整拍摄的角度。

移镜头，是通过双臂的平移，保持手机的角度进行拍摄。

5. 出差类视频的拍摄

最后补充一个特殊类视频拍摄——出差类视频，因为律师工作的特殊性，会经常出差，出差的时候可以选择以下几种形式进行拍摄。

第一种方案，在车站、机场等这些有明显地名标识的地方拍摄，可以直接让观众知道你现在在哪里。文案可以简单一些，介绍一下自己的大致行程。这种场景之下一定要保证画面里的人和地名同时出现，如果场景距离受限，也可以只把上半身露出来。注意稍微避开一下聚集的人群，拍摄时可以把蓝牙耳机戴上，以便更好地收声。

第二种方案，选择办案地点和场景拍摄。例如，征拆律师，就可以在被征收土地或者拆除的房前拍摄视频；婚姻家事律师，就可以选择在调解场所拍摄。出差类视频文案可以灵活一些，讲一讲自己在哪个地方办案，简单地介绍几句案情等。

第十七章

剪辑实操：

二次创作为

作品注入灵魂

本章讲解一些剪辑方面的技巧，让视频通过剪辑的各种手法变得更受欢迎。由于剪辑所用软件、剪辑手法因人而异，所以在这里简单介绍一下，不给各位设限。

一、常用的剪辑软件

如果我们选择用手机作为拍摄设备，那么我们依然对手机端常用的剪辑软件进行主要讲解。

常用的手机端剪辑软件首推剪映，因为剪映是抖音官方推出的剪辑软件，其对视频的后期上传等一系列操作比较友好、没有限制，而且剪辑操作相对简单，甚至可以一键剪辑、套用模板等。在特效、画面调整等方面选项虽然固定，但提供的素材比较新颖，更新频率快，玩法多，完全可以满足日常的剪辑需求。另外，其还可以一键识别字幕，为后期的上传字幕降低时间成本。所以，对于没有经过专业剪辑培训的律师来说，手机端的剪辑工作是不二的选择。

如果有剪辑经验，也可以选择使用电脑端的剪辑软件，如 Pr、Ae、Final cup 等，这些剪辑软件比较专业，可操作性强，能够根据自己的想法调整视频的各项参数、画面，也可以根据自己的喜好增加特效等，但这些专业性软件操作起来比较复杂，没有经过专业培训，很难熟练掌握，制作成本较高。

二、多种剪辑技巧和手法

要想让视频更加引人注目而且点击率高，必不可少的就是一些新奇的想法和页面整体的布局效果。

1. 视频封面

视频封面的选择至关重要，制作的视频封面能够让用户在此页面停留并被吸引，那么视频就成功了一半，因为在如今各类短视频疯狂抢占流量的时期，能够抓住观众的眼球实属不易，因此我们有必要选择一个好的视频封面，让用户停下来看看你所做的视频。

我们所要呈现的优质视频封面要具备哪些要素呢？

（1）封面的格式风格要与视频统一。

（2）封面的文字字体要突出醒目，在不影响整体画面的美观度的前提下将字体放大或者加一些特效从而更有识别度。

（3）封面的停留时间最好在一秒之内，这样能够让观者有一个反应的时间，在脑海里有印象，以免不知道短视频讲了些什么内容。

（4）封面选取的图片素材也是至关重要的，可以找一些与视频相关的热搜类或时尚类的图片表情包做封面图，当然要注重对知识产权的保护，使其更加具有吸引力。

2. 素材的选择

要想让视频更加精彩，选择优秀的素材是非常重要的。尝试选择视频内容的最佳部分，这样才能达到“爆”的效果。例如，我们做了一条爆发力很高的口播视频，我们就可以把它视频最精彩的部分剪出一两句话，然后前置，这样就会给观众留下探索欲，能让他继续探索下去。

3. 背景音乐

就某些视频而言，音乐是整段视频的灵魂所在，所以我们在视频里可以选择一些热门歌曲进行搭配，但要注意，音乐的选择，要与整段视频的整体基调相协调。例如，整段视频我们所要表达的情感是偏向紧迫的，那么就可以选择一些紧张的音乐，情感是温和类的就可以选择一些平缓的音乐。只有明确视频的整体情感基调，我们才能进一步过滤短视频中的人、事和画面。

另外一点就是视频的整体节奏感，除了叙事短视频，大多数短视频的节奏和情感都受到背景音乐的影响。为了使背景音乐与视频的内容更加兼容，最好根据拍摄的时间顺序进行简单粗略的编辑，然后分析视频的节奏，根据整体感觉找到合适的音乐，视频图像的节奏越符合背景音乐，画面的灵敏度就越高。

4. 视频标题

第一，我们可以在标题中提出疑问或是反问，疑问句常常会引发用户的强烈好奇心，比感叹句更有效；

第二，我们可以利用数字和数据进行一个拟定，数字标题的逻辑性强易于理解，可以提高阅读的效率，数字表达更加具体、生动，容易引起读者的兴趣；

第三，我们可以利用一些热门的词语进行拟定，与热门事件相关的词语可以增加视频的播放量，也就是我们常常说的“蹭热点”和“借势营销”。如果你的视频内容与热点相关，就可以尝试在视频标题中添加相关词语，以便每个人都能看到。

5. 一些实用的剪辑技巧

第一，合理安排顺序。

视频的叙事可以通过不同方式进行视频安排，可以适当地添加疑问效果，激起观看者的好奇心。

第二，多添加转场。

多添加特效转场，增添视频效果。有场景变换的视频更吸引人，视频的剪辑建议硬切，但要注意硬切不生硬，才叫转得好。

第三，调整帧数。

如果拍摄的视频素材速度比较慢，可以适当调整帧数，让画面进度加快。

第四，二次配音。

如果视频录制的收音效果差，需要用语言补充画面内容，此时就可以对画面进行配音，但要注意与原有画面的协调。

第五，画面缩放。

利用缩放功能：放大画面，凸显人物，突出特征，利用特写，增强画面感；缩小画面，展现全景景貌，介绍环境。让画面动态起来，可以增添视频的趣味性。

第六，添加画中画。

画中画不仅可以添加背景、视频、贴纸、素材、标题等，而且让画面增添趣味性。

第七，特效字幕。

首先利用软件的识别字幕功能进行识别，然后根据自己视频的色调、画面，选择不同风格的花字包装，重点内容可以添加动态的字幕。

第十八章

数据思维：

好作品要有好的发布策略

用数据思考，结果可能出乎你的意料。

律师行业是一个与人打交道的行业，平时在和当事各方交流的时候，律师除了重视事实和证据，还要考虑各方的情绪、感受等主观要素的影响。但是在运营短视频账号的时候，我们需要把精力放在理性的数字上，以此考量账号和作品的实际情况。

这样的好处是能够避免主观因素对诊断账号的干扰。很多刚刚涉足这一领域的创作者，在遇到问题时很容易把之前的工作和生活经验代入短视频运营领域，以办案的经验或者长年养成的逻辑思维，试图推断账号的情况，但这种习惯对运营来讲并没有明显的助力，还有可能将对账号真实情况的分析带入歧途。

数据分析的真正意义在于真正反映账号的实际情况，从中找到数据变化的原因，从而分析账号在运营过程中的哪个环节出现了问题，针对问题调整账号的维护策略。此外，数据分析的结果还有助于分析投放后作品数据的变化情况，并且可以形成和无投放作品的比较数据，从而准确评估投放效果，及时发现投放对象和投放目标是否准确，让日后的投入能够物有所值。

大多数对抖音的推送机制不熟悉的人发布视频时，在刚刚投入抖音创作的兴奋情绪支配下，总会有一种拍完视频发布出去，就能迅速获得很多人的观看、点赞，之后能迅速涨粉甚至爆红的错觉。

理想是丰满的，现实是骨感的。如果对抖音的流量和推荐逻辑一无所知，盲目地进行投放，会让自己辛辛苦苦制作的视频在上传后毫无效果。

我们如何进行短视频的发布，才能让视频的效果达到最佳呢？

一、一定时间段的数量内发布视频

在抖音做了大量普及和宣传的情况下，一部分抖音的创作者已经意识到视频发布量对账号的影响，也了解发布数量少导致的断更对账号权重带来的负面影响。但是应该以什么样的频率更新视频才能让作品获得相应的效果？是不是发布得越多越频繁，账号就能获得更多的推荐？

答案是否定的。在抖音的系统评价机制中不仅断更会降低账号的权重，而且发布频率过高，同样会被采取限流措施，新发布的视频也会毫无流量。这种情况在抖音的算法机制中称为“超发作恶”，如果触发了这一判定，严重的可能会导致账号直接被关进“小黑屋”。这个结果对于任何账号来说都是致命的。

如何科学地选择视频发布频率，才能既保证视频质量，又可以避开“超发作恶”导致账号被封的风险呢？

从以往的账号运营经验来看，每天更新视频的最佳频率控制在 1 ~ 3 条。这样的更新频率既能够让自己有足够的时间打磨文案、拍摄和视频剪辑，又能够让系统对账号的判定更全面，从而获得更多的推荐。比较忌讳的是每天发布的视频多于 5 条，如果以每天 5 条的频率连续发布 30 天以上，就会触发平台审核的“高压线”，也就是“超发作恶”。

平台设置这样的限制是出于维护社区环境的考虑。抖音平台追求的目标已经从开始的积累用户数量和创作者作品发布数量，切换到了追求用户停留时长和创作者作品质量这个更高层次的目标。一天 5 条以上的高频率发布，带来的一定不是高质量的作品，反而可能是低质量的搬运视频或者单纯的广告营销。这种行为不仅会毒化社区环境，更重要的是这种单纯的低质广告营销还在“白嫖”平台的广告资源，损害平台的商业利益。这是每一个追求更高商业价值的公司都无法容忍的。

二、一天内的发布时间如何选择

根据观察，视频发布的最佳时间是在晚饭前的这段时间。这段时间是大多数用户比较空闲的时间，他们会掏出手机放松一下，这时候粉丝和其他观众刷到你视频的概率也就高得多。

如果每天保持一条视频的更新频率，那么在晚饭前发布是最佳的选择。有些创作者的创作能力很强，能够更高频率地输出高质量作品，对于发布时间的选择就会有更多的讲究。

在抖音的生态环境下，除了有众多的个人创作者，还有大大小小的团队参与其中，这些团队的创作能力通常强很多。在选择发布视频的时候，一定要注意不要一次性地把自己的作品都上传到平台。倒不是因为这样的发布习惯会在平台的推荐算法下留下不好的评价，而是会造成你的几个作品之间互相争抢推荐流量，反而影响了账号的总体数据。

如何分布自己作品的发布时间呢？我们以比较合理的每天 3 条作品为例，有三个时间段是一天中流量比较集中的时刻，分别为：6:00、11:00、18:00。

这三个时间段分别代表的是平台上三个流量的高峰。6:00 左右会有很多习惯早起的用户在早上刷到你发布的新作品，这一波的流量更多地会吸引年龄比较大的用户，如果作品不需要分三个时间段进行发布，自己客户群里中老年人的占比又比较低，我们也可以避开这个时间段。

中午和下午的两个时间是一天中两个很重要的流量高峰，用户中的主力——年轻人——通常会在这两个时间选择短视频平台放松一下精神。中午的发布时间为什么不选择12:00？这就涉及抖音平台的算法推荐机制。

对于新发布的作品，算法会根据账号权重推荐给对应的流量池。对于刚刚建立的账号而言，在没有足够高的账号权重时，通常获得的是一级流量池中的300～500人的推荐。如果一级流量池的表现很好，就会向更多的人推荐，以此类推，如果作品质量确实很高，最终会成为全站推荐的爆款视频。

所以选择在11:00发布作品，最重要的意义是给平台和用户时间来判断作品的质量，从而获得更多的推荐，这样在12:00左右的流量高点到达前，你的作品已经经过平台和算法的检验，如果作品质量足够好，就能突破一级流量池，进入更多用户的推荐界面，从而获得更好的播放量。同样地，选择在18:00进行发布也是出于同样的考虑，能给平台和用户更多的检验时间。

18:00这个时间节点之所以成为全天中流量最高的时间，主要来自之后的一整晚的时间让作品被推荐和观看。这也是为何对视频的投放我们也通常选择在视频发布后的第二天，根据头一晚的数据表现选择投放对象。

那么结论就显而易见了：如果能够保持一天一条的创作频率，我们可以直接选择 18:00 这个时间进行投放；如果创作能力更强，就要保证作品发布时间要适当分散，避免自己的作品之间争夺流量与推荐。

当然，这种发布的时间逻辑也不是一成不变的，在经过一段时间的运营后，可以针对账号粉丝的反馈和后台数据显示的粉丝活跃时间，再结合点赞、评论等数据的变化曲线，决定是否要调整发布时间。有了这些指标的指向，使作品在发布后不仅可以获得平台推荐的自然流量，也能够助力粉丝维护，增加他们的互动率，增强粉丝的黏性。

第十九章

数据运用：

看懂数据背后

隐藏的线索

一、数据对于账号运营的价值

如果一个人不专门从事运营工作，也没有深入接触过抖音的运营知识，他可能会更多地关注自己的作品在前台的表现，也就是在平台界面能够直接看到的内容。

通过分析数据，可以将“我觉得”“我认为”这种不靠谱的直觉，变成实实在在的数字，避免感性因素的干扰，对账号情况作出真实判断。通过抖音后台的可视化工具，那些烦琐的数据和枯燥的数字就可以成为我们判断自己账号目前状况和未来趋势的强大助力。

二、数据的二级分类

个人抖音账号运营所需的数据在抖音的创作者服务中心，我们可以看到的数据有以下几个二级分类。

1. 数据总览。

在这个分类下，能够看到账号的“日”“周”“月”的核心数据，包括“播放量”“点赞”“分享”“评论”“粉丝增长”的数据。通过这些数据可以对自己的账号在每日、每周、每月的总体情况有整体上的把握，从而根据数据变化及时发现问题，调整后续的作品创作方向和指导作品投放。

以图 19－1 和图 19－2 为例，在“数据总览”界面获取了最近30天内的运营数据，其中包括播放量207.5万次、净增粉丝1722人等，以及该段时间的增长趋势，以该部分数据为依据，我们至少有两种可行的分析方法。

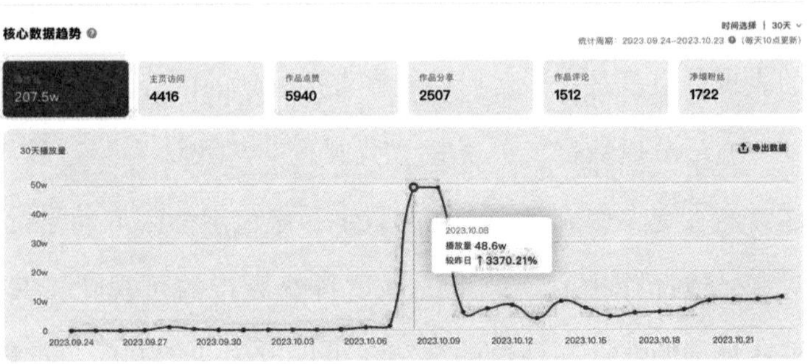

图19－1　播放量

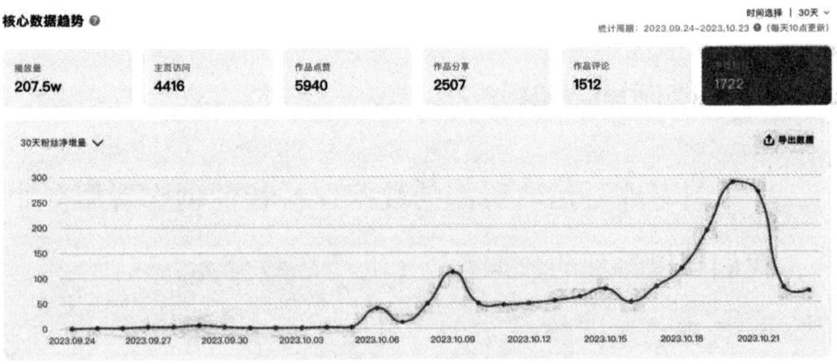

图19－2　净增粉丝

（1）内部分析

获取上一运营阶段30天内的运营数据概览，与最近30天内的运营数据做对比，总结出30天内各项数据的增长速度较之前是提升了还是放缓了，作为作品创作方向调整的一项重要参考依据。

(2) 外部分析

通过数据软件获取运营平台上同一领域优质账号 30 天内的运营数据概览，与我们自身账号最近 30 天内的运营数据做对比，不仅可以宏观地了解我们账号在同类赛道中的运营效果，也可以在这一过程中了解到同类赛道中其他优质账号的作品内容，为后续的创作提供参考。

2. 作品数据。

在这个分类下，我们可以看到自己账号上传的每条作品的详细数据，可以监控的内容包括播放量、点赞量、分享量、评论量、转发量、粉丝增长量和作品的完播率。

以图 19－3 为例，在作品数据界面，我们可以看到“贪污　贿赂”多少钱会判死刑？这条作品的完播率 13.74%，该项数据领先于近阶段的其他作品，高完播率作品可以作为我们投放时的优先选择。

作品名称	审核状态	播放量	点赞量	分享量	评论量	主页访问量	粉丝增量	完播率	分析详情
女童遭"开门杀"，乘客构成交通肇...	已通过	1686	15	0	9	15	0	4.44%	查看
借款型行受贿，是如何认定的？#公...	已通过	5611	39	1	6	37	6	3.09%	查看
利用赌博行为实施行受贿，怎么认...	已通过	2672	30	3	3	19	4	3.33%	查看
公职人员默许家人受贿，如何认定...	已通过	3932	25	0	2	26	6	2.32%	查看
你会选择下围棋，还是选择打德扑...	已通过	4269	14	5	8	26	2	2.31%	查看
监察机关查封、扣押、冻结了我的...	已通过	4005	26	2	5	32	7	2.08%	查看
贪污贿赂案件中，零口供能否定罪...	已通过	3.2w	116	28	6	198	72	9.50%	查看
现金行受贿的证明标准是怎样的？#...	已通过	4.6w	149	26	28	407	161	8.22%	查看
拐卖拐骗难同罪？孙卓被拐案终宣...	已通过	1.0w	146	4	47	41	15	9.81%	查看
"贪污 贿赂"多少钱会判死刑？#北...	已通过	1.0w	44	1	5	42	8	13.74%	查看

图 19－3　作品数据界面

作品拐卖拐骗难同罪？孙卓被拐案终宣判评论量 47 个，该项数据领先于近阶段的其他作品，高互动性的作品可以为账号带来更高的活跃度，我们可以剖析作品获得高评论量的关键要素，将关键要素添加到后续作品的创作中。

作品现金行受贿的证明标准是怎样的？播放量 4.6 万次、主页访问量 407 次、粉丝增量 161 人，三项数据领先于近阶段的其他作品，为近阶段账号的优质作品。我们有必要将该作品详细拆解，在包装上，从封面、字幕、尾板、背景音乐等细节拆解；在内容上，从话题、关键词、口播节奏等细节拆解，与其他作品进行对比，得出有用的运营信息，并应用到后续作品的创作中。

3. 视频数据和粉丝画像。

在这个分类下我们可以看到自己每个账号粉丝的各项维度的相关数据，包括性别、年龄、地区、兴趣、关注热词等。这一部分的数据可以为分析自己未来的作品创作方向提供更多的灵感。不过粉丝画像开启需要一定的门槛，目前平台规则是粉丝数量要大于 300 人的才能开启粉丝画像。

第一个需要关注的分类是视频数据。

如图 19 -4 所示，通过在后台监控以上数据，就可以对自己账号的基本情况作出相对完善的评估了，针对每一条视频的数据也可以进行针对性的分析。

图 19－4　抖音创作服务平台视频数据展示

上述三个部分的数据中，特别需要我们注意的是作品数据和粉丝画像。对作品数据和粉丝画像的监控是否到位，将关系数据分析能否做到足够精准。

针对作品数据这一分类，我们需要注意每个作品具体的点赞、评论、粉丝增长和完播率，再和以往的视频数据相比较，对账号出现的问题做出及时的应对。如调整标题、调整封面、打磨文案、调整服装背景手势动作等细节，有针对性地调整发布策略和投放策略。如果数据持续异常，还可以考虑调整作品的呈现方式和视频的类型。

在这些详细的作品数据中，我们会看到作品的数据有好有坏，我们可以根据作品数据的优劣，结合自己的创作方向和人设风格，判断是否增加或减少相似的内容。

第二个需要关注的分类是粉丝画像。

粉丝画像，是大数据时代老生常谈且又长久不衰的话题，公司都在研究，文章满天飞，在这个人人都喊“数据驱动创作”的时代，你不懂粉丝画像，不研究粉丝画像，就显得你跟不上互联网的潮流似的。

但是，粉丝画像是不是一定要研究？为什么要研究？不研究可不可以？如果一定要研究，粉丝画像耗时耗力，怎么才能把它真正落实到创作上，而不是做了 N 多的用户标签，就一直放着吃灰去了？研究之前多问几个为什么，你会发现落地的可能性就大了很多。

很多短视频创作者甚至很多组织内部，在建立粉丝画像时都会陷入一种不合时宜的自嗨状态，丝毫不考虑粉丝画像的意义和画像建立后对运营的助力应该如何体现，而是一心扑在使用众多分析方法、分析策略钻研数据上。

这也是写这一章节的初衷，我们需要搞清楚，粉丝画像是什么？一般在什么场景下使用？我们的创作场景是不是真的需要这个费时费力的大家伙？只有把这一步步想清楚做仔细，才能最终落实到实际的账号运营中，发挥粉丝画像真正的价值。

（1）什么是粉丝画像

粉丝画像是指根据用户的基本属性、用户偏好、生活习惯、用户行为等信息而抽象出来的标签化用户模型。每一个标签及标签权重是表征用户偏好的一个向量，一个用户可以理解为多个偏好向量（标签）的和。

上述解释非常晦涩难懂，如果通俗点解释，粉丝画像是基于你在互联网上留下的种种数据，将这些数据在你知情或者不知情的时候，通过数据加工，所产生的一个个刻画你兴趣偏好的标签组，这就是粉丝画像。

（2）粉丝画像的使用场景有哪些

根据用户的属性、行为特征对用户进行分类后，统计不同特征下的用量、分布，分析不同粉丝画像群体的分布特征和走势等。

（3）到底需不需要粉丝画像

网络上的很多教程也好，很多大公司的运营部门也好，都在强调粉丝画像的重要性，但是很多公司的管理者甚至运营专员，对粉丝画像理解得并不深刻。很多粉丝画像产生的原因往往是“面子工程”，很多领导认为其他公司有粉丝画像，就要求我们也要有。从事自媒体的个人也有同样的问题。大家都在强调粉丝画像重要，但是粉丝画像是否需要单独构建？构建了粉丝画像的体系之后，对后续的账号运营到底有多大的助力？

为了解决上述问题，在最开始的时候就要想清楚，我们是否真的需要粉丝画像？只要想清楚以下三个问题，就可以得到答案。

第一，账号运营过程中在哪些场景下能够用到粉丝画像？粉丝画像建立之后是否有实际的应用场景？

第二，如果有使用场景，是否一定要通过粉丝画像实现？粉丝画像本身是一个非常浩大的工程，十分耗时耗力，使用平台的后台数据是否足够支撑对粉丝的需求分析？

第三，如果一定要构建粉丝画像，构建完毕之后是否有倾向性的运营策略，如文案调整、拍摄形式调整和选题方向的调整等。

如果对以上问题没有想清楚，就盲目地进行所谓的粉丝画像构建，只会白白地浪费时间，无法真正地了解自己的粉丝，了解他们的需求和喜好，更无法针对粉丝的特点有倾向性地进行创作和后续的账号运营维护工作。

所以，在规划粉丝画像平台时，一定要有目的性和场景感，不能只做表面文章，不重视实际的应用价值。进行粉丝画像一定要牢记一个理念：不是因为我有了粉丝画像，才能驱动和提高作品水平与数据，而是为了驱动和提高作品水平与数据，才需要建立粉丝画像。这是很容易犯的因果倒置的错误！

在对以上问题没有想清楚之前，不要额外花大量的时间分析自己账号的粉丝画像。在对以上的问题想清楚后，认为还是要进行，那么就要认真筹划，粉丝画像怎么做才有价值。

三、如何落地

确定了要建立粉丝画像，接下来就要思考：怎么建立才能在创作中落地？怎么建立才能产生价值？

开始做粉丝画像的时候，很多人没有弄清楚粉丝画像在未来的应用场景。可能根据后台数据和对粉丝的特征分析，给这些粉丝进行了具体的细分，但是区分之后，在日后的账号运营策略和内容开发方向方面应该如何确定呢？既然给不同的用户贴上了不同的标签，那么和他们的沟通策略和交流方式是否有一套精准的方案呢？

量化的粉丝画像是无法指导我们进行后续创作上的精进和改良的，这也是为什么很多人在对自己的账号后台数据进行分析的时候，的确给自己的粉丝画像进行了分类，甚至也给用户做了简单的标签，但是这些对自己的短视频拍摄和账号维护没有提供丝毫助力。

四、操作步骤

第一，在规划粉丝画像时，一定要有目的性和场景感，不能只做表面文章，不重视实际应用价值。要时刻记住，不是有了粉丝画像才对自己的账号进行发展和维护，而是为了解决自己账号运营过程中遇到的问题才进行粉丝画像的绘制。

很显然，我们的账号是为了能够定向吸引对自己的案源拓展有助力的粉丝，所以我们在分析需求的时候一定要结合自己的账号定位，账号定位来自自己的擅长领域和能够产生足够收益的方向。每个律师对自己的专业和擅长领域都有非常深刻的认识，这方面内容不在此赘述。

粉丝画像可以直观地让我们认识到自己的观众群体的特征，以便有倾向性地调整作品的内容和话题，从而增强观众的黏性。

第二，粉丝画像数据的来源一般有：用户调研、用户行为数据获取、客户端/服务端数据内容上报、第三方数据平台、基础数据及爬取第三方数据等。抖音平台自带的粉丝画像体系就属于基础数据型的来源。

对于个人维护抖音账号而言，基础数据能够满足日常的账号维护需求，所以如果没有更深层次的需求，完全可以使用这些数据进行分析。我们需要的是能够正确解读每一个分类数据之下背后代表的意义。

在粉丝画像这一栏之下能看到观众的性别、年龄（见图 19－5）、所在地区、日活跃时间段、周活跃时间段。每一个分类都代表了观众的社会学特性和自然属性，也影响了我们对粉丝特征的判断。

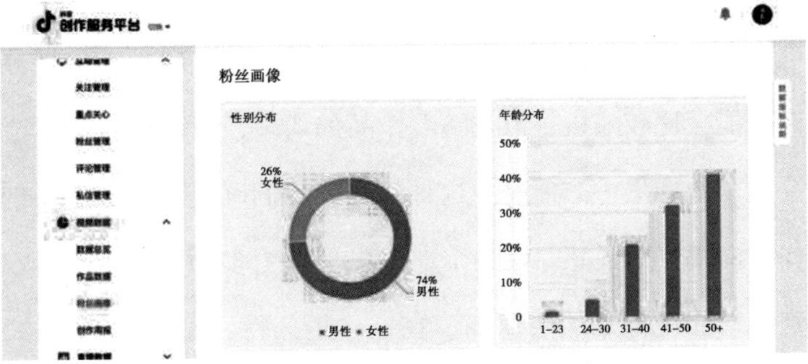

图 19－5　粉丝画像之性别分布和年龄分布

从性别占比上可以看到男女之间的差异。如果发现自己粉丝的性别差异，就可以根据男女粉丝的数量差别，结合自己的创作方向调整自己的作品风格，给创作方向提供一定的灵感。

从年龄这个属性中可以看出自己的粉丝在哪个年龄段分布比较集中。主动迎合年龄阶段集中的粉丝喜好发布作品从数据上看会有所好转，但是我们要考虑到自己运营抖音账号的目的是获取案源。这就需要回到在账号启动前的准备工作——一定要考虑清楚自己的定位，自己要向哪个具体业务方向发展。只有在充分考虑清楚这一点后再进行作品创作，才能让吸引的粉丝是真正能转化为案源的粉丝，而不是只有那些肯为你点赞转发评论，但是不会向你咨询，更无法及时转化为客户的粉丝。

从所在地区中可以看到自己粉丝的地域分布，以及偏好度在各个地区的差异。在账号刚启动的阶段，粉丝的地域分布可能会比较随机，但是随着作品的增多，粉丝的分布可能会出现地域集中的情况。这种趋势为我们确定未来的作品创作方向提供了灵感：在某个地域出现了更多的关注者，通常意味着你所普及的法律知识在这一地区得到了更高的关注，那么我们就可以有意识地多关注当地的实时新闻和热点事件，寻找作品的创作灵感。这样往往能够让这些地区的粉丝更关注你的作品，让作品数据更好看只是手段，最终的目的是通过粉丝的关注，换来他们更多的私信、咨询。

第三，日活跃和周活跃时间段这两个指标主要是为了让运营过程中作品的发布和投放更加精准。虽然作品发布和投放有一般的规律可循，但是在账号经过一段时间的运营后，积累了足够的粉丝量，可能每个账号粉丝的活跃时间会有所不同。此时为了增加用户的黏性和忠诚度，我们可以有意识地对发布时间和投放时间进行调整。

第四，粉丝画像下还有一个很重要的内容：设备分布（见图19－6）。

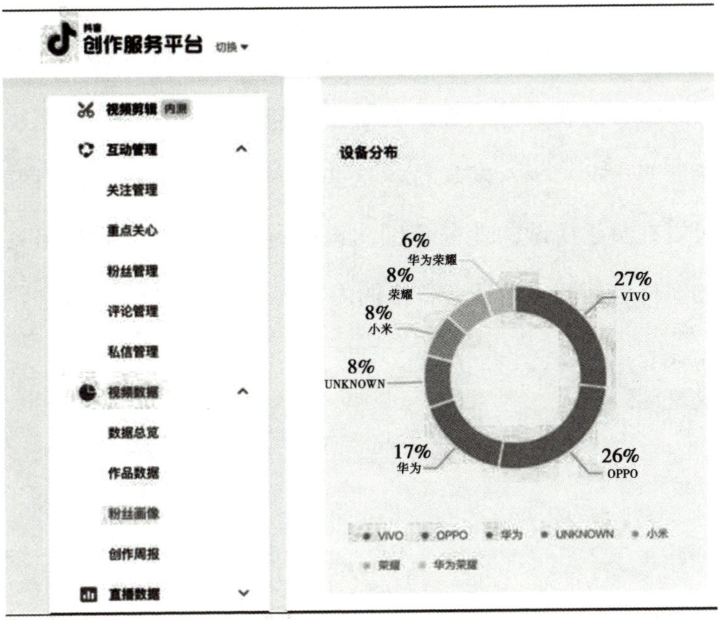

图19－6　粉丝画像之设备分布

这个板块的数据能够间接反映粉丝的消费偏好和支付能力，也能从侧面反映他们所处的生活环境，由此结合以往的接案经验，我们可以推断粉丝是否能够为自己带来足够稳定的案源。

第五，在粉丝画像下的分类是粉丝相关热词。这些热词包括“粉丝兴趣分布”、“粉丝关注热词”和“新增粉丝关注热词”。由于平台的推荐机制和视频标签体系的设计，这些热词中会有一些干扰内容，不过我们依然可以从中提取对视频创作非常有帮助的内容。

如图 19－7 中的粉丝兴趣分布，我们可以发现，这个抖音账号的粉丝感兴趣的内容主要包括“随拍”“人文社科”“三农”等。发现粉丝这些感兴趣的内容后，我们就可以在自己所做的业务范围内检查有没有和这个话题相关的案件、新闻或者适合普法的内容。

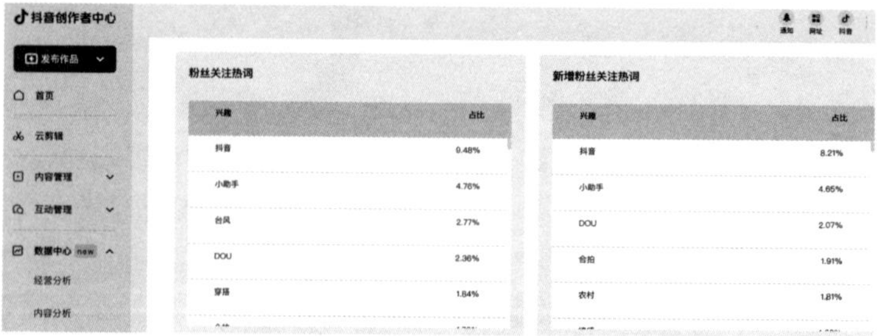

（a）粉丝关注热词和新增粉丝关注热词

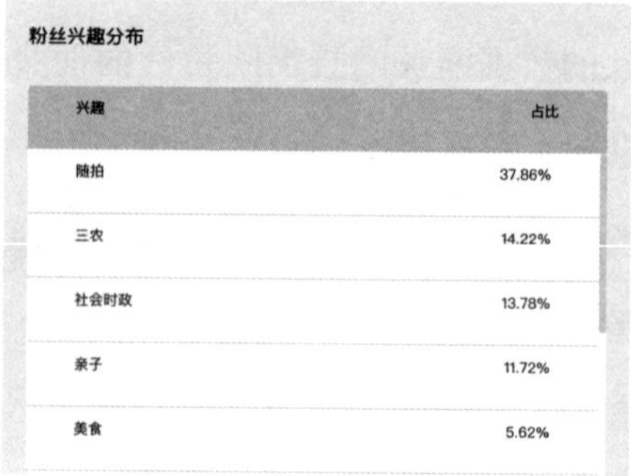

（b）粉丝兴趣分布

图 19－7　粉丝相关热词

其他的“抖音”“随拍”“小助手”等官方制作的标签对视频推荐也是有帮助的。不过添加话题可能并不能为创作者提供相应的灵感，只是可以让平台推荐给对该话题感兴趣的用户，相对有针对性（见图 19－8）。

图 19－8　发布视频

除了要定期关注自己的数据后台，通过上述的数据监控过程发现账号和作品问题，还需要提醒大家的是，数据监控不仅包括后台的播放量、点赞、评论、完播率等数据，还包括前端的评论内容质量、互动情况和二次转发（分享）等数据，将这些数据综合起来才能对自己账号和作品的数据形成立体化的认识。

第六，还要多注意同行业直接竞争对手的账号数据，分析这些账号做得好或者不好的原因，有哪些自己可以借鉴，哪些错误可以避免。这些账号的数据情况可以借助

"抖音热点宝"这个工具中的"账号观测"功能实现。此外，同类型账号的评论区同样是我们获得创作灵感和选题的重要来源。

第二十章

重要比例：

优化作品的五个因素

通过上述的途径和方法，我们可以了解自己运营的账号在一段时间内的数据情况。这些数据通常是比较分散的，而且只是以数字的形式呈现，还无法更为深刻地反映账号是处在良好的运营区间还是出现了需要我们注意的问题。因此还需要我们对这些数据进行一定程度的加工，以便对账号的实际情况有更深入的认识，为投放和创作提供更好的指引。

在进行数据分析的时候，我们需要着重注意几个比例：完播率、播赞比、互动率、吸粉率和作品平均播放时长。

一、完播率

完播率反映的是作品的优质程度，计算公式为：用户完整播放数 ÷ 视频播放数 ×100%。完播率的高低决定了视频能否进入更大的流量池，以此获得更高的推荐。

在当今“短、快、准”的自媒体时代下，为了便于数据分析，创作者们日常分析以“5s 完播率”为主。

完播率的下限值是 10%，如果低于这指标，通常有以下几种原因：

（1）标题中缺乏引导性语言；

（2）视频前段枯燥，且未能出现反转、反差剧情；

（3）视频冗长（解说类视频除外）。

解决方法：

（1）直击痛点：分析受众痛点，从痛点出发拟出标题文案，并给出明确提示。例如主标题为“2023年，农管上线是利是弊？”，副标题就可以添加“最后一点一定要注意！”“最后一点很多人都不知道”等留有悬念的提示；也可以使用悬浮标题，让标题始终保持在画面内，受众无论从第几秒开始看都能知道视频的内容是什么，用这种方法引导观众看完视频。

（2）爆点前置：将具有噱头、具有冲击力、精彩的部分，放在视频的开头展示，确保能在视频的开头部分吸引粉丝的兴趣，保住5秒完播率。此方法较为考验律师的表现力和内容的创作能力。

（3）剪辑优化：加快视频节奏，增加反转、反差情节，并在开头进行预告，寻找合适的背景音乐，形成耐人寻味的特效，提升用户的视听感受，达到让人眼前一亮的效果。

（4）缩短时长：适当缩短视频时长，但不能太短，最好不要短于7秒。过短的视频，比如只有2秒的视频，其完播率不会被平台统计。

二、播赞比

播赞比反映的是视频受观众喜爱的程度，计算公式为：点赞量÷视频播放量×100%。如果这一数据过低，就会被判定为低质视频，就会减少推荐量，甚至直接被限流。

该数据的下限值是3%，如果低于此数值，就需要引起注意，加以提升。点赞数少的原因通常有以下几种：

（1）标题不吸引人，没有点赞欲望；

（2）内容质量（文案、视频制作）设计较差，无法给观看者点赞的理由。

解决方法：

（1）通过标题营造冲突感和张力，直击受众痛点，模拟受众视角，从受众出发，尝试多使用疑问句、反问句或者呼吁型文案；

（2）提升内容质量，提炼引爆点。

三、互动率

互动率主要来自观众的评论率、转发率，计算公式为：评论率=评论数÷视频播放数×100%，转发率=转发数÷视频播放数×100%。这两个数据反映的是观众看到作品后发表看法的意愿和传播的意愿。

互动率低并不会被限制推荐，但是互动率高的视频会让作品在平台的评分体系中获得更高的评价，以此帮助账号增加权重。因此一条好的视频评论率要高于0.1%，转发率要高于0.05%，如果低于这两个数，通常有以下几点原因：

（1）标题文案的引导性不强，观看者没有评论转发的欲望；

（2）视频中没有进行适时引导，内容平淡没有分歧点和认同点。

解决方法：

（1）视频中加入引导性语言，激发评论和转发的欲望；

（2）选题应选择有认同感或有分歧的话题，增加评论量；

（3）在标题设计上多花些心思，引导评论和转发。

四、吸粉率

吸粉率是指单条作品发布后能够吸引的粉丝数，计算公式为：吸引粉丝数÷视频播放量×100%。运营状况比较好的账号吸粉率大多在1%以上。

这一数据的提高需要多方面的思考和改善，主要需要注重的方面包括：保持更新频率和创意生产；为观众提供更多的价值，包括情绪价值、商业价值等；改善主页观感和统一视频风格同样是可以尝试的路径。

简单来说，这三项的优化方法基本可以归为以下三点：

（1）选择优质话题，打磨创作内容，从受众角度出发，引发受众共鸣；

（2）优化视频剪辑，提升视频观感，通过视频剪辑弥补表现力等方面的不足；

（3）学会增加“引导点”，虽然受众不会“主动”去做，但是可以通过我们各种各样的小提示，帮助我们完成视频的数据。

五、作品平均播放时长

作品平均播放时长的计算没有固定指标，如果视频的时长在 40 秒以内，均值要在 7 秒以上才算是看得过去的数据。这一数据和完播率具有很强的联动关系，完播率高的视频平均播放时长通常也较高，反之亦然。

想要提升这一数据，前 3 秒是最关键的。要让自己的视频开场即高潮，让粉丝带着对作品的期待看完整条视频。如果在作品中能够妥善运用反转、制造悬念等方式，对于提升完播率和作品平均播放时长都会带来极大的助力。

第二十一章

助力工具：

“DOU＋”如何精准投放

抖音平台和其他流量平台一样，平台上的创作者需要商业化，需要变现，平台自身也有盈利和变现的需求。虽然抖音平台的盈利和变现更多地来自平台的广告收入，但是抖音也欢迎创作者通过"DOU＋"的投放推动自己作品的传播，额外的也会给平台带来一份收入。

一、投放前需要注意的一些问题

为什么你的视频投"DOU＋"就有流量，不投就只有几十个或上百个的播放量？

很多人在账号运营的过程中都遇到过类似的情况，这并非孤例。为什么"DOU＋"一停，系统就不给流量了？

一个新手注册账号，开始发布短视频的时候，作为一个新号，系统会分配300～500的流量用于测试作品的质量。检测的内容包括但不限于选题文案、画面画质、镜头表现、拍摄视频的收音等。但是很多人认为有投"DOU＋"的预算，只要投得足够多，流量就越好，起号的速度就能越快。这种认识是大错特错的。一定要记住，抖音是一个娱乐的内容平台，如果短视频内容质量不好，一上来就投"DOU＋"，就等于在系统面前大声宣誓：快来看看我的作品到底有多差！系统通过你在"DOU＋"进行的投放，硬生生地把你的作品推送给大量的陌生人看。结果是陌生人刷到质量如此低下的视频后，看都不想看，更不会有点赞评论转发的动力，甚至有的观众可能还会长按屏幕，选择不感兴趣。

经过这样的一轮流程，终于知道了自己的作品到底有多差，进行的投放一旦停下来，流量自然就停了。

所以想要短视频有播放量，短视频的质量是最重要的前提之一。在抖音平台，可以通过 100 元撬动上百万播放量，但是单纯进行 100 万元的投放，不一定能够把账号做起来。

所以在进行“DOU +”投放前，首先需要做好一件事情，就是一定要保证自己的内容能够打动观众。

打动观众的方式有多种多样，在抖音平台上的视频尽管细分行业多种多样，细分赛道也有千千万万，但是大家都会遵循一些规律。有些工作是所有的视频作者都需要做的，如选择一个切中时事又符合自己人设的选题；提高自己视频的画质和收音质量，给观众更好的观感。

还有一个从抖音平台崛起以来一直在支配平台流量走向的逻辑：内容情感化。

抖音平台的传播特点和其他平台相比有自己的特点，视觉化、情感化、沉浸式的传播特征非常明显，原创视频、二次加工、活动直播等形式如果能够适应这种传播规律，在平台上就可以获得很好的流量和推荐。特别是情感化的内容，更容易激发观众的点赞和二次传播。所以律师在进行内容创作的时候，除了要关注视频本身的自然素质——音质、画质、剪辑流畅度等，还要关注内容本身能否引起观众的共鸣。

所以在投放前先要对自己的作品质量进行总体考量，要保证作品质量能够达到平台的基本标准，只有对优质内容进行有针对性的投放，才能保证所有的投放都物有所值。

在创作了好作品的前提下，摆在我们面前的第二个问题就是，应该对自己的哪个作品进行投放。

"DOU +"确实可以对自己的所有作品进行全方位无死角的投放，但这样一方面会增加很多不必要的投入，另一方面也会让一些质量不是很好的视频也被强行推荐给很多观众。这样不仅会影响系统对账号质量的判断，自己在日后的创作中也会受到投放结果的干扰，无法精准地分析自己作品的问题，非但无法通过投放给自己的账号运营增添助力，反而带来了资金和账号判断上的双重负担。

所以我们在进行投放之前，需要对自己的作品进行质量判断。

这种判断是全方位、全流程的。如果一条视频被判定为低质视频，那么不一定只有一个环节出了问题，视频的文案创作、拍摄过程、背景选择、后期剪辑、发布策略等，每个环节的问题都可能影响作品的质量。在完成质量判断这一工作前，不要对视频进行投放，否则可能会适得其反。

作品质量判断的依据主要有以下几个方面：

（1）看播放量、点赞量、评论量；

（2）看播赞比、互动率、主页访问占比等；

（3）看选题和文案内容是否属于敏感内容，是否有被限流的风险。

这些数据的计算和判断需要在作品发布 12 小时之后进行，否则没有足够的时间让视频被观众和平台检验，很难有准确的判断。

二、投放实操过程中需要重视的问题

结合前述内容中的发布时间选择，进行投放的最佳时间段有两个：9:00～10:00 和 17:00～18:00。

这一时间段并不是一定要分秒不差，要根据工作日和休息日的推荐流量分布情况进行具体分析。在工作日，如果发布时间选择在 18:00 ~ 19:00，一般的投放时间适合选择在第二天的 17:00 ~ 18:00。之所以采取如此策略主要是工作日晚间的流量状况相对较少，需要更久的时间积累数据，让视频质量的判定更加精准。如果视频质量非常到位，可能在投放的第二天早晨就有了足够漂亮的数据反馈，针对这种有希望成为爆款的视频，我们可以选择在发布后的第二天 9:00 ~ 10:00 进行投放。

休息日的情况又有所不同。休息日的流量从早晨开始便逐渐升高，所以发布时间可以进行适当调整，例如可以选择在 7:00 ~ 9:00 进行发布，发布后经过一天的检验，可以在第二天的 9:00 ~ 10:00 对视频数据进行汇总，判断是否进行投放。当然如果在发布当天数据就表现很好的，那么我们就可以选择在当天 17:00 ~ 18:00 进行投放，以此推动该条视频在休息日的晚间能获得更高的流量。

如果数据投放的效果非常好，迅速拉升了作品数据，那么我们可以选择在下一个时段进行二次投放。不过二次投放在实操中的效果往往并不如按部就班的投放效果好，根本的还是需要作品的质量支撑。

三、投放方式和投放内容的选择

确定进行投放的作品后，就可以进行实际投放了。可

图 21－1　投放入口

以从自己的账号主页进入投放入口（见图 21－1），点击要投放的作品右下角的三个圆点，找到“DOU＋”图标，就可以进入投放的界面。

目前“DOU＋”的投放方式包括速推版和定向版。

速推版的推荐内容较为固定，需要我们进行的选择比较少，只需要确定推荐人数和目标即可，被推荐的人群并不精细，可能无法让被推荐的观众对作品产生更高的兴趣，想咨询甚至成单的转化也会很困难。定向版的效果往往比速推版要好很多，可以进行一系列设置，以框定目标客户最有可能出现的范围。

进入定向版的界面后，自上而下可以看到“期望提升”“投放时长”“把视频推荐给潜在兴趣用户”三个主要选项。

选择“期望提升”选项后可以看到三个目标：点赞评论量、粉丝量、主页浏览量（见图 21－2）。

个人账号在建立初期需要快速吸粉以增加账号权重，因此要以粉丝量为投放目标，待账号进入成熟增长期后，投放目标适宜选择点赞评论量，以此维护账号的热度和增加账号的自然流量。

图 21－2　期望提升

主页访问量是看到作品后进入主页查看的数量。如果是商家账号或者有星图业务的，可以进行适当投放，这样也能够在一定程度上增加账号热度。

选择"期望提升"目标后，要选择"投放时长"（见图 21－3）。这一目标选择要根据视频的质量和投放的金额决定。如果作品数据和其他作品相比明显好很多，就可以适当延长时长和金额。

图 21－3　投放时长

“把视频推荐给潜在兴趣用户”（见图 21－4）是关注的重点。这一项目之下有两个选项：系统智能推荐和自定义定向推荐，只有选择“自定义定向推荐”项目，才能使投放的人群更加精准，更符合账号目标。

图 21－4　把视频推荐给潜在兴趣用户

可以选择的选项包括：性别、年龄、地域、兴趣标签、达人相似粉丝。对这几个项目的选择需要对自己的客户有非常精准的把握，不同的客户群体会有不同的特点。例如，主做婚姻家事的律师，性别就可以选择女性，毕竟关心婚姻方面法律问题的女性占多数；年龄要排除 18 ~ 23 岁这一年龄段，这一年龄段的大多数人尚未处于婚姻状态，更不可能进行委托，反而会让作品数据下滑；其他的地域、兴趣标签可以选择不限，尽可能让更多人看到作品。不过个别细分领域的律师需要注意地域的选择问题，要考虑委托人的经济状况、当地的社会情况、具体政策要求等。

最后一项，达人相似粉丝的作用是将作品推荐给关注了同领域高水平账号的粉丝，选择这一项时一定要慎重。如果选择的是同领域的“大 V”账号，那么投放效果可能不会达到预期，因为现阶段抖音“大 V”们的粉丝已经被这些账号的高质量作品养出了比较“刁钻”的口味，你的作品被推荐后如果无法达到“大 V”的水平，大概率会被他们的粉丝“嫌弃”，甚至会出现投放后的数据比不选择达人相似粉丝更少的情况。所以对“达人相似粉丝”这一项的选择，需要你在平时多关注和自己领域相同，作品质量比自己的要好一些，但是不至于拉开太大差距的账号。这样你的作品才能够被推荐到有可能转化为你粉丝的观众那里，从而获得较好的效果。

第二十二章

厘清思路：

数据分析的终极

目的与四个误区

一、数据分析的终极目的

所有的数据分析结果，最终都是为了改善之后的运营状况。所以数据分析得出结论这一步并不是工作的结束，而是核心工作的开始。

从抖音的后台系统得到的所有数据，目的一定是提高账号质量服务，所以数据分析做到最后，不仅要和创作相联系，而且所有数据的应用也要回归创作需求，也就是为了优化账号内容。为了更好地为视频内容服务，对数据进行进一步利用前，我们需要提前对自己的短视频账号维护目的进行深入的了解。

短视频账号投放的目的通常有以下几种。

（一）曝光

大多数品牌方在抖音或者其他短视频平台进行投放的目的通常是提高自己的曝光量。主要方式有以下几种。

1. 公司官方账号直接入驻短视频平台

短视频营销推广方式越来越火爆，也吸引了很多公司的关注，更多的品牌方开始进驻短视频平台，通过制作短视频内容与用户互动，这样能够充分展示想要宣传的产品和品牌价值观，而且官方账号的推广活动通常比利用其他短视频账号进行推广不易引起平台用户对广告的反感。由官方进行的广告推广能够保证广告的效果，对广告投入的预算也更容易控制。

2. 与平台“大V”合作

现在各大平台都有自己的广告投放规则，品牌方直接入驻的门槛通常比较高，如果想要有良好的效果，需要品牌方自己拥有专业的运营团队，而这是大多数品牌方没有的，所以大多数没有短视频运营能力的品牌方会选择寻找平台上流量较好的“大V”进行广告投放。这种方式比较考验品牌方和“大V”的沟通程度，市场的两极分化十分严重，作品质量一贯稳定，能够持续为观众和平台提供优质内容的“大V”制作的推销引流视频不仅不会引起观众的反感，反而能够保持良好的数据表现和引流效果，还可以为品牌方带来超过其他方式的转化效率。

（二）涨粉

这是所有账号能够实现自己其他目的的前提，只有有了一定的粉丝基础，才可能实现其他的目的。

与粉丝的数量相比，我们追求的是更高的转化效率和成单质量。所以律师行业投身短视频，对粉丝的质量要求是比较高的，而且更多地追求粉丝的诉求与自身能力的高度吻合。这样才能让一个律师在尽可能短的时间、尽可能少的粉丝基数下获得较多的咨询和订单转化。

（三）变现

有线下业务和走电商路线两种模式。这是很多传统行业进入短视频平台后要实现的目的，将短视频平台作为突破传统广告渠道的途径之一。在自媒体时代，每个人都可以成为传播的中心，每个人都可以借助短视频平台为自己的业务制造知名度和影响力。这也是律师行业进入短视频平台之后要达到的最终目的：在抖音平台上积累足够的粉丝之后，让这些粉丝成为自己案源的基础和重要来源。

对平台账号的普遍目标和自身账号的实现目标有了一个清晰认识之后，下一步要做的就是寻找一个合适的途径实现这一目标。

纵观整个过程，大家会发现通过数据分析解决可执行问题，是一种自上而下层层递进的方法。先确保方向正确，再具体落实到对象，再看具体操作的投入产出，至于最后的创意，能有就有，没有也无关紧要。给足了时间、费用，账号和作品质量便可以稳步得到提升。

当然，这种层层递进的逻辑方法，也是数据分析的短板。从经验上看，严格按照数据分析设计的运营方案往往倾向于保守，缺少创意，这些都是太过理性的后遗症。实际上短视频平台的成功往往不是理性的结果。天才的创意、勇猛的胆识、无敌的运气、过人的机智、诱人的魅力，可能都是成功的因素。然而，数据分析的独特吸引力也在这里。你会发现创意、机智、魅力是天生的，运气是可遇不可求的。唯独数据分析能力是可以通过学习、训练、实验、记录不断提升的。

二、数据分析的四个误区

无论有多少创意和运气，在开展数据分析方面的工作时，所有人都不可能做到万无一失，但是无论是哪个行业或哪个领域的数据收集和分析，都要以实际的运营为依据，并且服务于运营质量的提高。整个过程中的每一步都至关重要，在这一过程中，会遇到很多前人踩过、现在还有人踩、以后同样有人会深陷其中的常见误区。

误区1　技术至上

有些人在分析数据时持有一种固执的观念，追求所谓的尖端的、高级的、显示自己技术水准的分析技术，认为分析技术越高级越好，越尖端越厉害。明明有现成的、简单的且非常适用的方案不采用，而是把时间用在对数据算法的追求上。

追求技术的进步和发展本身没有错，但不能一味强调高级方法。节约时间、节省资源，拿出高性价比的解决方案才是数据分析的最终使命，所以无论分析方法是高级还是低级，只要能够解决运营过程中遇到的实际问题，就说明这种方法是符合目前运营需求的。

图 22－1 的数据展示了 B 账号初期运营阶段作品的流量数据，我们可以看到贪多少，会把命丢了？对此，您怎么看？这条作品的综合数据（播放量、点赞量、评论量、完播率等）遥遥领先其他作品，如果进一步确认该作品的观众画像与账号的目标用户画像接近，就可以果断地选择对该作品进行拆解分析，并不需要其他复杂的数据分析手段，从而锁定哪些是优质作品。在账号初期运营阶段，作品发布数量较少，爆款内容也较少，如果此时使用非常复杂的数据分析手段，得出的结论大概率会与用简单手段分析出的结果一致，固执地追求技术至上，经常会导致事倍功半，运营效率大幅降低。

作品名称	审核状态	播放量	点赞量	分享量	评论量	主页访问量	粉丝增量	完播率	发布时间
被打一巴掌值多少钱？记得点赞收…	已通过	14	0	0	0	0	0	0%	2023年10月25日 17:51
一个小动作可能会被判5刑！不要…	已通过	1857	18	8	7	9	1	7.63%	2023年10月24日 17:58
急！在线等！喝完酒，在车上睡觉…	已通过	1693	21	2	7	8	1	8.02%	2023年10月23日 17:49
喜欢拿刀吓唬人？那可离坐牢不远…	已通过	2144	17	1	9	7	0	6.72%	2023年10月22日 18:15
贪多少，会把命贪丢了？对此，您…	已通过	1.4w	145	6	79	13	6	22.81%	2023年10月21日 18:10
欠钱欠多少，才会坐牢？转发给你…	已通过	1360	17	1	2	24	2	8.05%	2023年10月20日 18:06
认罪认罚后，会很快开庭吗？#法…	已通过	1835	15	4	2	9	0	5.94%	2023年10月19日 18:05

图 22－1　B 账号初期运营阶段作品的流量数据

误区 2　业务面狭窄

前面已经说过，数据分析需要全面了解账号运作的整个流程。这个“全面”体现在数据分析方面就是不仅要关注技术层面，还要对市场、营销和创作领域的知识十分了解，只有在这样储备下做出的数据分析才不会和运营环节脱节。所以在进行数据分析的过程中，不仅要看后台数据的情况，还要深刻理解账号运营的整个过程。毕竟数据异常的情况一旦出现，问题的根源可能来自运营的每一个流程，要想找到对应的解决方案，就必须清楚运营的流程。

图 22－2 数据展示 A 账号一条爆款作品的粉丝画像，该爆款作品浏览量 1000 万＋，单条作品涨粉过万，如果仅看该条作品的流量、涨粉数据，这绝对是一条非常好的爆款。但是，A 账号的人设是为职场女性排忧解难的青年律师，她的目标用户主要集中在青年女性，该爆款作品有 62% 的观众是男性，有 50% 观众的年龄超过 50 岁，与目标用户画像南辕北辙，极有可能是本条视频的观点存在问题，甚至可能是账号一直以来的内容创作方向出现了问题。我们应该充分了解账号运营相关的市场、营销以及专业领域知识，这样才能避免被“好数据”的假象迷惑，及时发现异常情况，找到对应的解决方案。

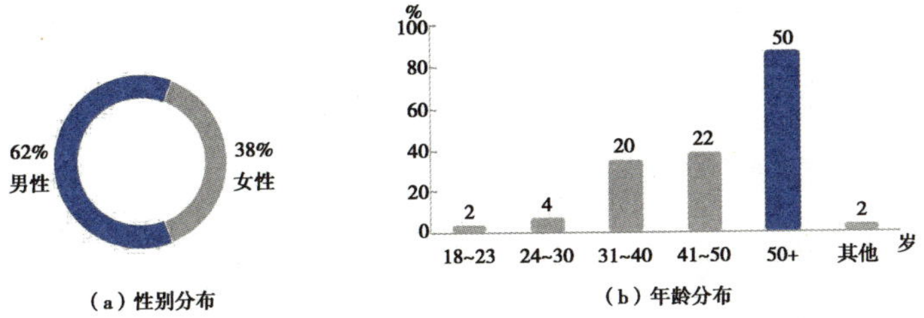

图 22－2　粉丝画像

误区 3　分析目的不明确

面对茫茫数据，我们常常会觉得好像身处大海，茫无方向，不知所措，用什么分析方法，做什么图表，需要哪些数据，用什么样的方式推动自己的运营实践，往往使我们百般纠结。

对于一个法律科普方向的账号而言，要清楚数据来源、分析方法、数据的处理方式和内容创作的具体需求。这样的方向同样适用于大多数个人账号的数据分析，在进行数据分析的时候也要注重自己的人设与业务方向的需求，要清楚目标客户喜欢的风格和关心的问题，要让自己的作品实实在在地吸引受众。

举例来说，C 账号是以婚姻家事为主要业务的律师账号，我们想要获取婚姻家事类爆款视频的关键词，为账号的作品创作提供参考，可以通过搜集近一段时间内、同领域内优质账号的爆款作品，将作品文案中与婚姻家事强相关的词汇提取出来，出现频次高的词汇可以作为该段时间内婚姻家事类爆款视频的关键词参考。请注意，我们这次数据分析的目的是获取婚姻家事类爆款视频的关键词，与婚姻家事类不相干的账号及作品应被排除在目标对象之外，避免对初始目标的探索产生干扰。

如图 22－3 所示，我们先使用数据软件筛选出了近 30 天内的优质婚姻家事律师账号数据（图 22－3 中仅展示 1 例），进而筛选出这些优质账号在 30 天内的爆款作品，然后再提取这些爆款作品的文案与婚姻家事强相关词汇，进行有效的数据分析，总结出一段时间内婚姻家事类爆款视频关键词。

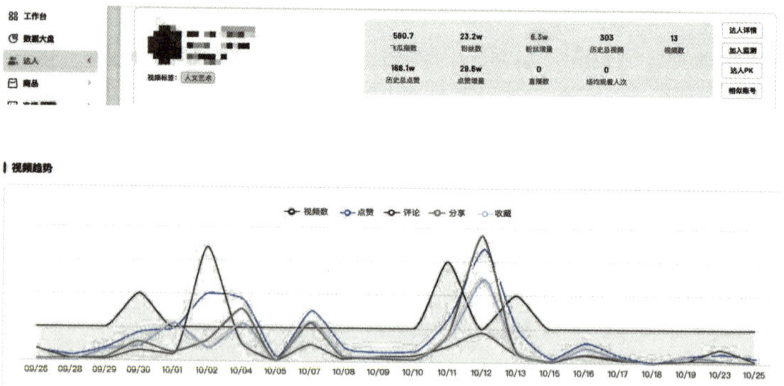

图 22－3　C 账号 30 天的账号数据

误区 4　分析思路混乱

明确了数据分析的目的，就要紧紧围绕这个目的展开。

这个展开就是数据分析的思路和框架。如何把分析目的逐层拆解为子问题，如何把拆解后的子问题转化为数据指标，数据指标又会受到哪些维度的影响，如何表征影响的程度和趋势，如何找到问题的关键因素，这个过程就是实践到数据的过程，尽量大胆地列举出所有可能的假设，然后把假设转化为数据指标和维度进行小心求证。

切忌拿到需求就立马着手分析，所谓数据未动，思路先行。在没有厘清思路之前先不要分析数据，否则百分之百是要把整个分析流程推翻重来一遍的。把思路梳理清楚了，数据分析就完成了一大半，而且整个问题的逻辑也会清晰很多。

如图 22－4 所示，H 账号的作品播放量忽高忽低，非常不稳定，少则 1000 次左右，多则数万次，我们希望 H 账号的作品能够持续拥有不错的播放量，在这一目标下，就需要查找部分作品播放量过低的原因。为了查找这一原因，我们可以从违禁词、视频包装、视频内容等角度着手分析，首先查看过低播放量的作品是否有违禁词，其次可以将过低播放量作品的封面、标题、视频时长、背景音乐等视频包装维度的内容，与高播放量的作品相对比，找出视频的短板。我们还可以更加深入地分析过低播放量作品与高播放量作品在内容上的差异，综合以上几个维度，得出导致部分作品播放量过低的因素，在之后的创作中将这些因素排除，就可以推进一开始提到的“H 账号作品持续拥有不错播放量”目标的实现。在上述分析过程中，我们的每一步骤都是为了实现“H 账号作品持续拥有不错播放量”的目标，不要做与目标无关的数据分析动作。

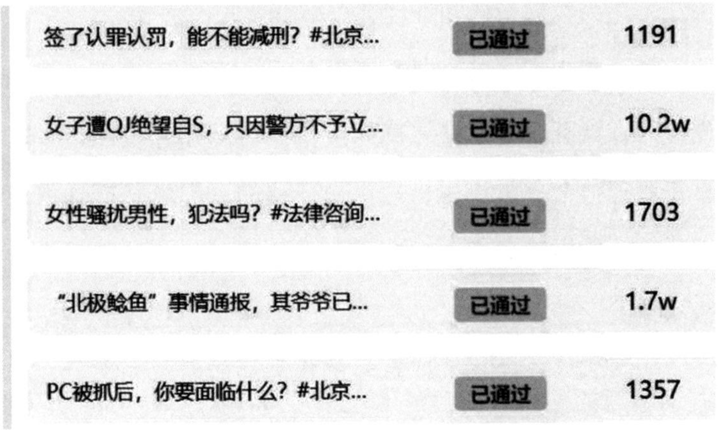

图 22－4　H 账号的作品播放量

第二十三章

有效转化：如何让用户变客户

• • •

“流量”是伴随移动互联网发展起来的一个名词。当前，如何让自家的产品与服务更多地被曝光，获取更多的流量从而吸引更多消费者的目光，已经成为所有行业营销人员最为关注的话题。因此，当前越来越多的传统企业或是个人品牌打造者开始重视并投入更多的资源进行新媒体营销体系的打造，实现公域流量的转化变现。

20 年前人们的消费全部在实体店铺，如商场、街边小店等。十几年前，随着互联网经济的发展，出现了淘宝、京东等一大批互联网消费平台，我们可以足不出户，在各大互联网平台，通过图片挑选自己需要的商品，查看产品细节，由商家将产品快递到家。在今天，我们购物又有了新的选择，我们可以在新媒体平台获得更直观的购物体验，由新媒体主播进行产品展示，现场试用，从品牌方直接购买产品，减少中间商赚取差价等。有别于传统的购物渠道，在新媒体平台上有更多利于消费者的新型购物形式不断出现，这也在不断引导消费者改变购物习惯。慢慢地，不仅是购物所需的产品信息，日常生活、工作相关的所有信息来源，都可能会依赖新媒体这个新的渠道。面对如此庞大的信息资源池，商家们看到了商机。大家纷纷利用平台用户对信息资源的渴求，用各自的形式将产品和用户产生联系，以此寻求潜在的消费市场。

最开始走进新媒体平台的是美妆、食品等实体产业，这是因为这类产品的流量变现不仅更加快速，也更符合新媒体平台最初流量变现的目的。律师行业走进新媒体领域相对较晚，相比带货更加便捷的实体产业，以法律服务为主的律师服务并不符合最初新媒体平台的受众认知和变现模式。但迫于市场大环境的推动，很多律师、律所也在新赛道上面寻求转型，在逐步摸索一条适用于法律服务领域的变现路径。这种尝试是新鲜的，也是前所未有的。所以人们慢慢发现，新媒体平台上逐渐有律师开账号，做 IP，但我们也发现很多法律工作者彻底成为新媒体网红，放下了法律从业者的初衷。直播内容也不再是法律的相关内容，而是靠自己积累的人气，开始从事带货的“职业”。我就看到过一个穿着打扮都非常专业的律师在平台上一本正经地卖水果。对错与否我们不作评论，但我的初衷是希望通过对新媒体流量的有效利用，让更多法律工作者在新媒体平台获得更多的案源并将案源信息转化为实际的签约机会，实现公域流量的变现。本质上，我们是要利用新媒体平台的流量，拓宽律师案源的来源。变现也区别于传统意义上的带货直播等，我们更多的是通过新媒体流量，吸引潜在的委托人，挖掘有价值的案源信息，最终通过谈案技巧达成委托。

这条新媒体变现的路径也是我自己尝试后，认为最符合律师行业的一条道路。既很好地使用了平台流量，又不会违背一名律师的初心。这样的结合，是目前律师行业和新媒体平台的最佳尝试，也是最纯粹的一种形式。

因此在本章中，我会紧紧贴合律师行业的现状，结合我在律师领域多年的从业经验以及自身在新媒体转型过程中走过的路，为大家深度剖析，在新环境下如何拓展新的案源渠道，把握住每一个有价值的案源信息，以及最终实现将流量变现的具体流程和方法。我们会通过如何提高粉丝黏度，逐渐建立信任感，再到高效洽谈案件三个步骤为大家全方位解读，助力各位律师实现职业生涯的转型，完成时代破局。

一、提高粉丝黏度

平台会给每条视频一个初始流量，在视频质量较高的情况下，我们自然会获得评论、点赞，甚至是粉丝私信留言等。在账号有了观看用户之后，我们就需要通过和用户的互动，将用户变为关注自己的粉丝，再让他持续不脱粉，一直关注自己的动态。这就是短视频账号运营的关键，也是后期挖掘有价值的案源信息的关键。

在新媒体平台上与用户互动的诸多方式中，常见且有效的就是评论、私信。在评论区留言通常是大部分用户的首选行为。看到你的视频之后，如果对视频内容很感兴趣，他不一定会给你发私信，很可能会通过点赞、关注、评论表达自己的认可。这其中唯一可以进行双向交流的就是在客户的评论中进行回复，这是我们和用户建立联系，变被动为主动的重要一步。

想要实现通过新媒体平台进行流量变现这个最终目的，我们就需要先建立和维护好平台上的流量池，与粉丝进行友好有效的互动，通过这种方式可以有效地增加粉丝的黏度，为流量变现做好前期的铺垫。提高粉丝黏度是非常重要的事情，下面介绍提高粉丝黏度的三个意义。

（一）提高粉丝黏度的意义

1. 增加平台的推荐概率

或许有时候你会觉得很多评论没有什么实际意义，但如果我们放任不管，慢慢就会发现，评论会越来越少。也就是说，对评论的忽视，会导致平台的流量分配也越来越少。如果把一个账号比喻成一家饭店，那么这个账号里面的每一个视频就相当于这家饭店的菜品。短视频平台给你流量，就是给你的饭店介绍精准的顾客。但是，在顾客消费并给你做出评价之后，如果没有得到任何回复，就相当于你冷落了客人。长此以往，短视频平台就会减少对你的视频的推荐。

2. 了解用户喜好的最佳途径

通过与粉丝在平台上的交流，我们可以和粉丝建立初步的联系。同时，与粉丝保持互动还意味着要重视用户对账号内容的意见以及对内容、“人设”的各种反馈，根据用户的反馈，及时调整运营者的创作思路，改进内容制作上的不足，以达到让更多精准用户关注账号的目的。此外，一旦我们开始重视用户的反馈，用户就能从互动以及所制作的内容中及时地感受到自己“被重视”，从而拉近双方的距离，不断提升创作者和粉丝之间的黏度。

3. 有效挖掘案源信息

无论是在建号初期还是账号流量暴增阶段，很多人都会忽略评论区的留言，只把精力放在视频内容的调整及各种数据的监控上。但被我们忽略的这些评论者，其实才是我们后续粉丝及案源的直接来源。这些评论的人群中有一部分是粉丝，还有一部分可能是潜在的粉丝，但无论什么样的群体，他们之所以给我们评论，一定是心中有些话想和我们交流，他们的评论已经说明对我们的初步认可。我们怎么可以忽略已经开始认可我们的人呢？我们要善于抓住和他们交流的任何机会。仅仅是短视频的对外展示，我们是被动的，很难找到对外沟通的机会，只有评论区是可以由我们引领沟通节奏的平台。这对于我们筛选出有价值的案源，是非常有意义和有必要的。

我们该如何更好地和粉丝建立互动关系呢？以下从粉丝在留言区的三类不同留言方式，为大家深度剖析在评论阶段我们该如何更好地和粉丝进行互动。

（二）回复粉丝评论的方法

1. 粉丝使用表情包或文字表示认可及称赞

从粉丝的动机出发，表情包或文字表示对该条视频内容或律师本人的认可及称赞，我们应该对他们的认可表示感谢。在粉丝选用表情包的时候，我们可以选用相同意义的表情包进行回复。如果粉丝回复了文字，建议我们也以文字进行回复。要注意甄别粉丝是否为委托人。如果是委托人的粉丝进行留言，回复留言时要更加真实，如果该账号有专人负责运营回复，那么要以该账号律师的口吻进行有效回复。在粉丝仅表达认可、赞美等情绪时，我们只要回复感谢的心情即可，无须过度展现联系方式、引导私信等内容，目的性过强容易引起粉丝的反感。

例1：全国老百姓支持你们。

感谢关注和支持。

例2：为老百姓的好律师点赞。

感谢认可和支持。

例3：××律师，我们的案子进展如何了？（粉丝是委托人的情况）

正在有序进行中，具体细节，我们会在专案组群中与您沟通。

2. 粉丝问是否可以到自己的城市，婉转寻求帮助

有粉丝在评论区明确写明自己所在城市，并询问律师是否可以过来时，我们应该提升敏感度，说明该粉丝很有可能处于相关的纠纷中。这种情况下，该条信息很有可能就成为有效的案源信息。我们应该有意识地引导私信或者电话，掌握跟踪案源信息的节奏。

例：可以来江西吗？

您是遇到×××问题了吗？可以私信说下具体情况。

3. 粉丝在评论区详细说出自己遇到的问题，直接寻求帮助

粉丝在评论区直接询问某种情况该如何处理和解决时，我们一定要重点关注，很有可能这个用户就是我们的潜在委托人，我们要积极回复，引导私信解答或者直接告知在

主页查找我们的联系方式，进行一对一私信或者语音解答，加强互动。我们也要注意甄别用户所提问题与我们所在领域的关联度有多高，或者用户的提问中，是否有潜在的委托意向。如果有的问题只是针对相关领域的简单询问，则无须引导私信，减少精力损耗。

例 1：我家就是这种情况，我该找谁？

您可以私信沟通具体情况。

例 2：我们这边有 ××× 问题，你们能不能过来？

您可以私信说下具体情况，也可以点击主页查看联系方式。

例 3：我这里有个养猪场，2020 年建的，有营业执照，也有环保，就是在水田做的，航拍说是违建，我想咨询一下可以吗？

您可以私信说下具体情况。

一定要特别注意，针对有很明确问题的用户，我们在评论区的回复是引导私信，但我们更需要回复后主动进行私信联系，避免粉丝不会使用私信功能或被同行恶意竞争，导致潜在客户被截留。

根据以上总结的评论回复技巧，我们可以感受到，在这个环节中我们要做到的就是和客户形成联系。简单来说，对用户的评论要及时回复，回复时要讲究方法。在这个阶段，我们始终以和用户形成初步联系及引导私信提升黏度为主要目的，可以适当弱化谈案转化的目的性。

评论区的互动是与用户开始交流的第一步，我们要重视这一步，并在账号的运营过程中始终有意识地推动这个环节的有效进行，重视从用户到粉丝的转化，重视每一个人对账号的有效评论，持续提升与用户和粉丝的黏度。

二、逐渐建立信任感

与用户在评论区的互动是第一个阶段，但还仅仅是停留在简单的提问、简单的答复上，目的是和用户建立初步的关联，只是搭建了一个沟通桥梁，但最终我们还是要以顺畅的、深度的沟通为目的；也就是说，不仅仅是评论区的答复，而是私信一对一沟通，这就是第二十二章我们提到的引导私信。

一旦我们成功地和他们进行了私信沟通，可以说我们已经在众多的用户中筛选出了极有可能成为委托人的人选，下一步，我们就需要通过私信了解用户的具体情况，同时也需要在了解情况的过程中，逐步与用户建立信任，以便在后续的谈案过程中顺利开展工作。

（一）私信环节要达到的目的

1. 分析用户

通过回答用户问题，快速了解用户的需求，准确判断用户所寻求的帮助是否在我们的服务领域之内，以确保高效且有效沟通。

2. 建立信任

在我们确定该用户很有可能成为我们的委托人之后，我们应该有意识地建立与用户之间的信任感，打造自己的专业人设，在法律专业知识方面快速建立认同感，同时也要让用户觉得你是急之所急、想之所想，形成情感上的依赖。

以上两点在私信环节中是极为重要的。没有目的性的沟通和交流，只会浪费双方的时间，造成很大的消耗。所以我们要带着目的和客户交流。当然在实际操作中，以上两个目的的达成并不存在先后顺序，通常都是并行的，是潜移默化达成的。怎样才能达成以上两个目的呢？下面进行详细介绍。

（二）私信环节达成方法

要想达成以上两个目的，我们需要循序渐进，分别从以下几个方面逐步进行分析。和目的相同，方法的使用通常也是并行的，并没有先后之分。

1. 服务态度

能从评论区留言引导到私信沟通，通常是由于用户确实有问题需要我们解答。在这种情况下，顺利在私信界面建立联系之后，第一步要做的就是展现自己良好的服务态度，要耐心解答问题，适当降低目的性，用良好的状态及时解决用户的问题。本质上讲，我们就是在用法律专业知识为委托人进行专业领域的服务。我们要服务到位，优质的服务态度是征服客户的第一步。优质的服务态度可以从以下两点进行衡量。

（1）耐心

针对用户的问题，必须有耐心，我们从事的是专业的法律服务，但客户并不是法律人士，我们要耐心地讲解相关的法律法规，用客户能听懂和接受的语言讲解清楚，这也是谈案律师的必备素质之一。我们并不能保证每一个私信问题的用户都可以成为委托人，这种情况下，我们就更需要有耐心，也许有的问题和自己的专业无关，又或者这些问题在我们看来不会产生委托意向，但回归初心，我们从事的是法律服务，客户也是基于对我们的认可才寻求帮助的，从更长远的角度考虑，本着为客户服务的初心，无论任何问题，首先我们都要耐心解答。

（2）爱心

每一个寻求帮助的客户都是在生活中遇到了问题，甚至是身家性命受到了威胁，我们应该秉承为客户解决问题的心态，这种心态不仅要反映在用专业知识解决问题的方面，在解决问题的过程中，我们也要对每一个咨询的客户抱有爱心，这种爱心表现为在回复私信时要对客户遭遇的理解感同身受，进行情绪安抚等。对于客户描述的问题，如果客户有情绪的描述，我们可以回复“您的感受我可以理解”，“您先别急，先说一下目前遇到问题的难点”等。以上回复可以让屏幕前的客户感受到你的温度，他们会认为是真正在帮他们解决问题，而不是冷冰冰的机器回复。情感上的依赖和专业度的体现，两者并驾齐驱，缺一不可。很多委托人在选择律师时的很重要的一个标准，就是对律师的整体感受，这种感受是主观的，没有任何量化指标。客户从你身上感受到你对他所遇到的问题是否能够感同身受，是否有站在客户的角度考虑问题，这些都是在专业的考量外客户考虑的因素。如果客户莫名地认为，你就是能替他做好这件事情的人，这种情感依赖就形成了。后续的委托自然水到渠成。

2. 专业

专业是一切的基石。到私信环节的所有客户都是通过观看短视频被律师的专业所征服，所以无论在任何情况下，专业都是我们作为一名律师必须坚守的底线。如果专业不到位，所有的一切都是空谈，私信也不会有任何意义，我们不过就是一名客服人员而已。站在客户的角度，从短视频的认知、认可，再到评论和私信的初步链接，对专业的期待都是第一位的，如果在私信环节，我们没有展现出应有的专业能力，那么客户就会转到其他的律师、律所，寻找自己认可的律师。一名谈案律师的专业度在前期的案源信息挖掘、后期的谈案推进，以及最终的促成委托等各个环节中，都是极其重要，必不可少的一项能力。

3. 技巧

在态度和专业都具备的情况下，我们确保客户对我们已经有了基本的信任度，但想要高效精准地达成最终目的，推动谈案流程，我们需要一定的技巧加持。它可以帮助我们有针对性、有方法地快速达成目标。在私信沟通环节，以下的两个技巧是必备的。

（1）筛选

私信沟通，是大浪淘沙，筛选用户的环节。在保证优质服务、耐心解答问题的基础上，有效甄别用户的需求，判断是否有委托的机会，是我们的第一要务。也就是说，我们在解答问题的过程中，还要辨别该名用户是不是我们的目标用户。我们并不是简单地解答了问题就完成了任务，那样失去了新媒体引流的意义，流量的最终目的是转化，所以我们在面对每一个流量信息时，有必要为后期的转化做好准备。短视频账号建立起来之后，会逐渐涌入大量的咨询信息，我们没有精力回答所有的问题，所以我们必须把有限的精力放在更加值得跟踪的案件上。

在沟通过程中，我们要抓住以下重点进行筛选：一是要有效筛选有委托意向的用户。很多客户有问题，也仅仅是问问而已，前期我们还无法有效进行判断，什么样的客户会委托，什么样的客户不会委托，这是非常正常的，就算前期没有委托意向，我们也可以依靠谈案的技巧，提升客户的委托意向。所以我们说，在这个阶段，我们要判断的是，哪些客户的提问是有价值、有意义的，是符合我们擅长的领域的。如果从客户的提问中，我们认为他的问题和能够委托的问题不相关，或是根本只是问问而已，并没有委托的意向，这样的客户我们做到正常解答即可，不需要花费更多的精力跟进这样的客户。二是要筛选案源信息品质。我们第一步已经确认，哪些客户的实际情况是有机会委托的时候，后续我们还要进行第二步筛选，同样的委托意向，但根据实际沟通了解到的信息，哪一类客户案件的标的额更大，从谈案的角度出发，这样的案件更值得我们投入更多的精力。哪一类客户和我们有更强的信任基础/黏度高、这一类客户后期委托的机会也会更大。三是有提升空间的案件。以上的三类案件性质是我们需要私信沟通过程中再次进行筛选的。

要特别说明的是，上述的筛选并不意味着我们在挑选案件，试想一下，如果我们每一个案件都接，从个人精力、服务水准上来讲，都是无法达到预期的。最终能否认真做准备，帮助委托人胜诉，也是一个未知数。所以从实际情况考虑，我们应该有基本的案件筛选能力，结合自己的实际情况，推动后续的谈案流程。

（2）沟通界面转移

在私信沟通的环节中，随着了解客户信息的逐步深入，在筛选之后，我们要进一步加强和客户的联系，明确合作意向，推动谈案进度。

我们确定了该名客户在自己的服务范围后，首先要做的就是在沟通界面上的转换。微信一定是沟通工具的首选，微信是更加私密的，也是联系更紧密的，是可以让你和客户增加更多了解的沟通渠道。转移到微信之后，也就意味着谈案进入深一步的流程中了。可以通过微信发送相关文件，用微信进行语音通话。另外，如果我们已经进行了电话沟通，那么电话挂断前，一定要引导客户加微信，如

"您可以加我微信，把详细材料给我发过来"等。因为电话挂断之后，很容易失去联系，所以我们要寻求一个更长远的联系方式，微信就是再合适不过的了。从私信的界面转移到微信，从客户的感受来讲，证明我们取得了客户的进一步信任，这对于谈案是具有重大意义的。

使用微信沟通也要慎重，刚在平台回复私信时，不要贸然进行微信的迁移，很多时候，加了微信但没有马上形成委托关系，很容易就成了微信中的陌生人。微信交流和线下见面进行沟通有很大的不同，大部分律师的朋友圈及所展现的精神面貌，并没有很好地体现出律师的专业能力。由于大部分律师群体缺少自我经营意识，在微信朋友圈界面，我们没有特别营造朋友圈氛围，因此客户感受不到相对专业的律师人设。除此以外，律师外表有可能会不修边幅，这会大大降低委托人对律师的印象。所以在客户与我们建立了信任之后，再进行沟通界面的转换。当然，在下文中我们也会单独讲到，该如何打造律师在朋友圈中的人设。

可以说在私信环节的沟通是否顺畅，是促成委托的非常重要的影响因素之一。在这个环节中，以筛选目标用户和解决问题为主，在解决问题的过程中，更要让用户对你形成一个多维度的认可，以便有效推动后续流程。一旦在私信过程中，没有达到客户的预期，很有可能我们就无法再推动后续的进展，案源信息就面临失效。

三、高效洽谈案件

在前两个部分的分享过程中，我们知道在新媒体时代，对律师的要求也是更新、更强、更快的。所以我们必须清楚，并不是有了新媒体账号，有了粉丝就可以万事大吉了，我们还有很多技能需要修炼，需要用新的能力承接新的时代发展内容，以免被淹没在一个账号里面无能为力。新媒体流量带给我们的只是潜在案源，甚至还不能称为案源，只是一些稍微有一点价值的客户信息，对于我们来讲，在飞速变化的市场大环境下，我们必须尽可能地把握任何一个有价值的信息，并让它最终转化为能产生直接价值的委托，拥有这样的能力，才能让自己不被时代的浪潮淘汰。现阶段，各行各业都面临着前所未有的危机，每个人都在想尽办法，绞尽脑汁求生存，谋发展，在这种时代背景下，我们更应该有意识地提升自己对学习，对能力提高的欲望和对个人发展的欲望。

回到谈案这件事情上来，为何谈案如此重要，假设同样一个信息，从开始客户只是简单询问，到产生委托意向，对比不同的律所和律师，最终做出选择，如果你屡屡挫败，无法成交，那么长此以往，对谈案律师的影响将会是巨大的。除非你可以确保，在今后的职业发展中，完全不会涉及新时代的律师角色转型，也有自信可以一直获取案源信息，并可以轻松谈下所有案子，达成委托。除此以外，我希望你跟着我一起学习谈案的方法与技巧。

或许此时的你已经是一名谈案律师，但没有那么强的谈案把控能力；或许你刚刚成为一名谈案律师，但第一次使用新媒体平台进行引流，不知道如何把控此类案源信息；或许你有转型的打算，希望转型成为一名谈案律师，但是零基础；又或许你有很强的学习追求，欢迎大家和我一起解锁这一项技能。

我们有必要了解一下，新媒体平台引流过来的案件呈现出哪些新型的特点，弄清楚这些特点是非常必要的。

（一）新媒体平台引流的案件特点

对从新媒体平台转接过来的案件，有以下几个特点。

1. 案件地域面更广

当今时代，由于视频平台的特性，足不出户就可以获得来自世界各地的第一手信息。因此从视频平台过来的客户，没有任何地域界限，我们可能获得来自世界各地的案源信息。传统的案源渠道使我们的案源地域大大受限，大部分的案子都在同城，律师间的竞争比较激烈，市场机会较小。如果放眼全国甚至是全球，我们就不会被地域问题所限制，让自己的能力发挥到极致。当然，我们也要具备承接全国案件的能力。

2. 客户在律师的选择上更为精准

传统案件来源通常以律所品牌为依托，客户通过律所品牌进行洽谈，在律师的选择上往往会极为被动。律师专业度、性格、风格等，客户均无法提前知晓，就算是口碑极佳的律师，在后期的合作过程中，也未必是最适合客户的。客户在律师的选择上没有更多的知情权和选择权。通过新媒体平台，客户完全可以先选择律师，再进行咨询，前期就大大降低了委托人和律师之间后期发生分歧的风险。

3. 客户信任度高

从新媒体平台过来的案件委托人根据视频账号的内容已经和律师建立了基础的信任，其对律师在平台上展示的专业度和风格都非常认可，才会选择留言和私信进行深入沟通。私信沟通后，对律师及律所的专业度及背景又有了进一步了解，在信任度上又有了提升。相比传统案源的客户，如通过熟人转介绍或者律所广告等，客户和律师之间完全是陌生人，双方是零信任、零基础，谈案过程中难免存在沟通壁垒。信任是后期谈案的基础，此类从新媒体平台进入谈案流程的案件，在正式谈案之前，就已经建立了基础信任值，后期的谈案推进也会更加顺利。

4. 沟通界面更多元

传统案源在沟通的过程中，通常是线下见面或是微信咨询，但新媒体平台的案源，呈现出来的沟通界面更加多元化。此类案源信息最初的洽谈方式通常是使用私信功能进行沟通，在新媒体平台上，最初客户已经通过短视频、评论区等形式和律师建立了初步的联系，在客户认可了该名律师之后，就考虑可以使用私信进行深入沟通。私信是基于短视频的影响进行的，此时也基本上已经打造出专业的律师人设。因此，私信的聊天氛围，也是在一个相对专业的聊天界面中。在私信初步沟通之后，我们可以判断案源信息是否值得深入跟进，如果值得，我们可以改用微信或者直接见面的形式进行后续的洽谈。因此比较传统的沟通形式，此类形式的案源呈现出沟通界面更加多元化的特点。

5. 需要更强的法律服务意识

律师通过视频平台和客户建立链接，通常是以专业问题解答为开端，优质的态度和良好的服务意识，可以更好地增加客户黏性。相比传统，新媒体平台展现的律师人设会更加亲民，以法律服务者的姿态急百姓之所急，在体现专业的同时，也要时刻保持一个良好的服务意识，以帮助客户解决问题为首要目的，切忌目的性太强，眼光需要更加长远，我们在谈案，同时更是在经营自己的口碑，有利于长远发展。

以上新媒体平台呈现的客户及案源特点，要求我们在谈案的过程中，既要保持原有谈案过程中的重点不变，同时也要有更多新的能力，才能符合传统律师案源渠道转型的路径发展。传统的谈案律师，通过律所宣传或熟人转介绍的案源，在本质上和新媒体平台的案源有所不同，因此要想做一名优秀的谈案律师，我们需要从多个维度进行有效调整。

（二）怎样才算是一名新时代下的优秀谈案律师

1. 谈案律师首先必须是专业的律师

学习的前提是我们需要弄清楚，满足什么样的角色定位，才算是一名优秀的谈案律师。在这一点上我们要谨记，始终要秉承律师职业的社会责任感，以帮助委托人解决困难为根本准则。怎么才能更好地为委托人解决问题？首要条件就是律师本身具备专业的法律知识。很多人会认为只有办案律师才需要具备专业的法律知识，而谈案律师只要成功引导客户达成委托，就实现了目的。这样的理解，看似没有任何问题，但从长远发展的角度考虑，如果只注重眼下，无论是律所还是个人的律师生涯注定都是走不远的。无论是办案还是谈案，我们都要具备律师的职业荣誉感和专业性，我们的最终目的都是帮助委托人解决问题。

2. 谈案律师一定是兼具法律专业和销售能力的复合型人才

既然律师有不同的角色区分，那么在谈案律师的领域，结合角色职能，除了上文已论述的法律专业能力，我们还必须具有一定的销售意识和能力。区别于传统律师的定位，我们只需具备法律专业的知识，老百姓委托我们代理，在谈案沟通的过程中，是相对被动的。实际上，谈案律师绝不能无欲无求，心中要有一种信念和认知，和客户沟通要主动，我们是秉承为客户解决问题的初衷，积极了解问题和解答疑问，但要注意沟通时间。在新媒体流量时代，我们是时候该抛弃被动等待案源从天上降下来的观念，必须以更加主动的姿态，利用自身的优势，主动寻找案源。这才是符合新媒体时代谈案律师的新思维。

3. 从效果上看，一名优秀的谈案律师应该是成案率较高的

成为一名谈案律师，需要必备的职业素养，其衡量标准维度很多，也很难量化。如何衡量谁是一名优秀的谈案

律师，它的衡量标准，是可以相对固定和量化的。我们说，一名优秀的谈案律师一定是用专业征服客户的，同时又兼具主动营销的特质，从结果上看，能达成的协议数量和成交金额都是非常可观的。这是判断一名谈案律师是否优秀的标准，也是直接体现谈案律师个人能力、职业素养等关键能力的方式。当然，除此以外，从长远角度看，谈案律师能维护好个人口碑，形成稳定的转介绍，也是非常重要的特质，也就是说，我们需要的是长期的、稳定的高成交率，除了不断达成协议，还能凭借自己的专业、职业形成优质的口碑传播。

例如，几年前的天水某酒店案例。经过长时间的咨询和洽谈，最终并没有委托我们。但在前期咨询的过程中，我们展现了一个专业律师的风范，在整个咨询过程中，我们将心比心，减弱签约的目的性，始终抱着为客户解决问题的心态进行咨询。经过努力，2022 年 10 月，在经历了 2 ~ 3 年的时间后，谁也没有想到，我们后续开始了合作。

以上的案例很好地说明，谈案律师要基于发展的眼光，秉承为客户解决问题的初心，有持续成交的能力。

了解了优秀谈案律师的特质后，我们就有了前行的目标。基本的特质是指导我们前行的向导，但想谈成案子，仅靠有特质还远远不够。要脚踏实地落实到做事上，那么该怎么才能谈好案子呢？

在很多传统律所，谈案部门的人员是由没有专业法律背景的销售人员组成，他们认为要谈成案子，销售技巧至关重要，技巧大于专业。与此相反，很多专业律师认为，专业比销售技巧更为重要，甚至并不认为自己的工作内容具有销售性质，只需要专业就可以了。对以上两种观点我们不予置评，毕竟在不同路径下，都存在一定的合理性。面对新媒体平台引流过来的案源，想要更好地掌控谈案的节奏，让谈案过程更加顺利，引导成交，前期需要做很多准备。

（三）谈案的准备

以下我们将从谈案的心态、谈案的态度和谈案的方法三个方面深度剖析，如何才能更好地开展谈案工作。

1. 谈案的心态

在谈案前，很重要的一点是调整好心态。首先要克制成交的欲望，作为一名合格的谈案律师，不想成交是有问题的，但在谈案的过程中，一定要把这样的欲望隐藏在心底，我们需要在潜移默化中把握谈案的节奏。谈案要以客户问题为重点，不要三句话就说委托。必须真诚地回答客户的问题，加入自己的经验以及对法条的解读。简而言之，首先就是要有好的法律服务。心态要不急不躁，最好让对方追着你成交，好的销售从来都是让客户主动发出成交信号。

依靠新媒体平台引流的案源，更需要大家以为客户解决问题的心态推动谈案进展。要多思考以下问题：你是否认为，你在谈案过程中处于主导地位，是否以专家的身份出现，是否秉承解决问题的初衷答疑解惑。如果你可以说服自己，那么你就已经有了一个正确的谈案心态了，后续的一切问题自然水到渠成。

这样的描述似乎还是有些抽象的，举个例子，相比传统的案源渠道，新媒体引流过来的案源，前期是无法与客户直接见面的，如果能够线上直接成交，当然最好，但大部分情况是，委托人一定希望和律师见一面后再做决定，那么谁提出来见面？见面产生的费用谁来负担？

这时很多谈案律师最大的问题就是不好意思张口，或是不敢说明费用问题，这些问题都是实际存在的。究其根本，是因为谈案律师没有一个正确的谈案心态，好的谈案律师是可以自然而然推动案件进展。具体来说，当前期咨询铺垫到一个相对成熟的时机时，你也已经展现了足够的专业，具有足够的诚意，不是为了让客户缴费而做事，已经建立了信任，客户也足够相信你时，他一定会主动提出，愿意见面聊一下，如果客户主动提出来，那就说明你前期的铺垫已经非常到位了，这个时候，你就可以顺理成章地提出见面会产生的费用，客户一般也是可以接受的。如果客户没有主动提出，也不必担心，你可以用主动提出见面的方案、告知客户见面之后是可以更好地解决问题，对后续也会有更多帮助的。那么自然而然地，产生费用潜在委托人也是愿意承担的。

2. 谈案的态度

找到了正确的谈案心态，在开始正式谈案时，态度也是很重要的因素。在过去为客户咨询的时候，我们法律从业者，是律师，是专家，是老师，是用专业征服客户的群体。但是不要忘记，法律服务终归是一个服务，专家也是要给别人服务的，需要专业、耐心、细致地解决问题。我们要保持服务者的态度，树立服务意识，从事这份工作。这也有助于我们的职业发展生涯长久而稳定的提升。

在新媒体平台，我们通常是以专业的法律工作者角色出现，与客户建立初步的链接，就是以服务客户、帮助客户解答问题为首要任务，因此我们在客户面前出现的第一角色，就是为他们服务的人。这样做的好处：一是可以快速和客户在平台上建立链接、拉近关系，方便后续工作的开展。二是如果我们使用的是短视频直播，那么在直播期间对直播间用户提问的耐心解答，是很好展示自己的机会，在直播间里的所有人都可以体会到你的专业、敬业，可能会因此涨粉，这些都是非常有可能的。所有的一切，都建立在把更加完美、优秀的自己展示在大众面前。这是和传统模式有很大区别的地方，我们一定不要忘记服务的属性。

3. 谈案的方法

在谈案这一部分的内容中，我们首先从心态和态度入手进行了分析，是因为从根本上讲，真正技巧性的东西属于“术”的部分，并不是技巧不重要，而是要从根本上进行梳理和分析。下面聊一聊技巧方法论的内容，如果前面的思路大家理解和掌握了，那么在这个部分，你一定会感到茅塞顿开，并且对谈案具有锦上添花的效果。

在谈到谈案的方法之前，我们首先要达成一个共识。如果你认为谈案就是话术的技巧，那么未免有一些狭隘了。这是一个非常宽泛的概念，或许我们应该从多个维度进行梳理。它可以包括很多内容和重点，如话术、思路、逻辑、关键点等，在这些内容中，我们要逐步从点串成线，从线到面，从面再到一张完整的网。在这里，我们更多的是帮助大家梳理一些重要的内容点，有了这些点，后续我们就可以慢慢地在自己的领域中，逐步编织成一张符合自己谈案模式的网，这是一个循序渐进的过程。

下面介绍谈案的方法，我们按照谈案的逻辑进行排序，大家可以把以下的内容当作一个“宝典”，出现问题的时候，可以随时进行查阅。

（1）自信是委托的基础和源泉

作为一名谈案律师，我们必须要有自信，这种自信不仅对我们自己有很大影响，更重要的是可以将这样的笃定和自信传递给委托人，让他们感觉到自己的问题一定能够解决，并且可以妥善解决，对我们是信任的，而不是时不时地质疑我们。谈案律师在案件启动前对自信心的传递非常必要且有价值。这对于后续的办案流程有很大的影响，将会大大提高委托人和律师、律所之间的信任度，同时也会降低后续退费的风险。

内心的笃定和自信是来自哪里？如果客户问律师，这个案子是否能赢，这是正常的，毕竟客户关心的就是能否胜诉，能否赔偿。根据律师法的规定，律师不能承诺，如果这样直接告诉客户，客户会很难接受的，他们会认为我们没有自信帮助他们达到目的，如果是这样，后续又怎么会合作呢？

我们应该如何展现自己的信心，这种信心来自哪里？

如果有客户问案子是否能赢，谈案律师必须要有信心，我们可以回答：“法律规定是非常明确的，事实在这里，根据我们的办案经验，拿到这个补偿的可能性是非常大的，我们会尽力的。”这样的回复内容是比较标准的，供大家参考。

案例：苗律师之前是做商事的案子的律师。客户有合同纠纷要委托，对方要支付100万元的违约金。客户会问，苗律师这个案子我能赢吗？如果是传统律师可能会说，“如果我认为不能赢，我就不接了”。这样的说法本身是有问题的。苗律师当时的回复是：“法律规定比较清楚，违约了就赔偿，问题不大。但过程中确实存在困难，如客户非常穷，执行不回来。但前途是光明的，道路是曲折的，中间还有很多的问题，需要我们一起解决。律师会尽全力的。”所以这样的回复，呈现出来的状态就是自信。

除了话术，自信心才是根本，我们要用自信的状态作出回答，而不能只停留在话术上。

哪些因素成为我们内心自信心的来源呢？有以下两个方面：一是我们深厚的专业功底。我们可以提供优质的法律服务，这就要求我们的法律专业知识，以及给客户呈现的专业态度足以支撑我们想要给客户提供的服务，与客户的期待相匹配。做到了以上这些，即便我们无法帮客户拿到预期的权益，客户也不会退费的，我们依然是值得信赖的法律团队。二是深入了解案件情况。办案是谈案的根本，案子谈下来，要有专业的办案人员和团队支撑，无论何时何地，谈案律师表现出来的自信，都不能是信口开河，必须要依靠办案的专业，以及团队的托底。我们的心态必须是如果这件事情要通过律师解决，那么我就是他要找的那个律师。

（2）要有一个大气的心态

很多谈案律师在谈案时目的性很强，而且非常计较。原则上是我们接受委托之后再启动程序，但是如果我们站在帮助客户解决问题的角度，即使不委托解答他的疑问也是没有问题的。很多时候一个人的格局和视野起了决定性的作用，客户犹豫的情况下，我们多做一点，从成案的角度，我们多做的这些或许就成为客户选择我们的关键因素，是超出其他律所和律师的重要一步。从一个人的格局视野上看，多做的这一点点，对于客户来讲或许就是非常大的帮助，对于客户问题的解决，也是可以发挥重要作用的。

（3）好的谈案律师具备共情力

一名优秀的谈案律师，最牛的状态应该是由内到外都是专业的，有同情心的，可以共情的，急客户之所急。当然，我们对客户的心情和感受，未必能做到感同身受，但我们至少应该试着尽量和客户站在一个立场，体会客户的想法和所处的状态。假设在征地拆迁领域，一个谈案律师和客户面谈，客户说了一件很痛苦的事情，因为被强拆，所以丈夫跳楼自杀了，谈案律师最起码也要表现出痛苦、悲伤的样子，而不能还沉浸在自己想要成单的心情中无法自拔，甚至做出面带微笑等不合时宜的做法。要根据客户的实际情况，做出符合时宜的反馈。这样的情绪共鸣，可以让客户更快速地对我们产生信赖，这是通过话术无法达到的效果。

对不同的客户要有不同的表述及反馈，不要一直谈自己的感受，要善于观察客户的状态，客户想听什么，哪一句对客户是有帮助的，哪一句可以让客户快速对我们产生信任，大部分时候，我们说的话中都有为成交做准备的因素。改变固执的自己，从自我的情绪中跳脱出来。在面对客户时，我们是律师，是谈案律师，不是和客户闲聊，每一句话都应该具有意义和价值。

（4）要经营自己

谈案律师要懂得经营自己在客户群体中的人设，在新媒体平台，短视频的设计、呈现、发送本身就是对律师人设的打造，通过人设的打造，让客户看到一名优秀的律师，从而进行委托。但律师对外的沟通渠道不仅是在新媒体平台，因此，在离开短视频平台之后，我们必须有意识地经营自己的人设。除了新媒体平台，能让客户了解你的方式，可以是微信朋友圈、电话或者面谈，想让客户持续了解你，就只能通过微信朋友圈了。用电话和面谈的方式，我们只能进行单面单次的了解，并不能快速有效打消客户的疑虑。但朋友圈不同，朋友圈内容的发送可以筛选，可以有针对性展现你想向客户展现的那一面，也就是我们常说的朋友圈人设。

这样的人设打造可以帮助我们和客户建立持续的联系，通过更软性的方式，用户可以接受的方式，进行朋友圈营销。有时甚至一个微信朋友圈点赞，就能打破跟进客户过程中的僵局。

一个律师的朋友圈，这里我们特指有工作性质的朋友圈人设打造。这样的微信朋友圈不应该仅仅是自己的生活，也不能仅仅是工作内容的转发。你想让客户通过朋友圈看到怎样的你，你就应该有倾向性地发送你想让客户看到的你。例如，你想让客户知道你是专业的，那么你可以转发日常胜诉的案例、关于法律知识点的解读等。如果你想通过微信询问客户情况，又碍于某种原因不好直接发微信催促询问，你就可以通过微信朋友圈以仅某人可见方式，进行软性提醒。打造微信朋友圈是持续且有意经营的一件事。出差、开庭都是朋友圈的日常素材，用以展现不同的你，专业的、正能量的等。切记，工作微信号的朋友圈不是一个转发机器人，要有血有肉，真情实感。让别人知道你很忙，做得很好，你的意向客户就会找你，了解你，认识你。

（5）借力

在成为优质的谈案律师之前，要学会借力，我们一个人的能力有限，即使能力很强，在某些情况下，并不是我们一个人一张嘴就可以把案子谈下来。学会借助律所、团队、前辈的力量，既是非常必要的，也是非常智慧的。

我们可以借助的素材有很多，就在我们身边，但大部分时间我们会把这些重要的内容忽略。

①要用好胜诉案例，对胜诉案例进行公告

这是我们能力的一种体现。胜诉背后的潜台词就是我们自己的办案能力。适时地让客户看到胜案的场景，会增加客户对我们的信任。

②公众号的文章

公众号同样是引流的平台之一，里面大量的专业内容、实际案例，都是在谈案时可以借助的相关内容，甚至我们还可以告诉客户，“您关注一下我们的公众号，可以了解更多×××相关内容”。这也是我们引流推广的方法之一。

③自己或团队办过的案件

这些案件也是很好的素材，在和客户沟通的过程中，干巴巴地讲法律法规，无法快速达到我们想要的效果。

④客户对我们的评价

很多时候，以前客户对我们的评价和认可都可以成为我们谈案的利器，包括客户微信认可的截图，要记得随时保留这些内容。尤其在同领域、地域的客户，如果有以前客户认可的加持，谈案过程会顺利很多。

⑤身边的专家、前辈

除了文字、语音等，人这个可用资源可千万不要忘记。下面给大家介绍一个 ABC 法则，A 是自己，B 是客户，C 是我们要借力的人。把 C 托付到一定的位置上，那么 C 的话对 B 一定会产生很好的效果。

所以一定要学会借力，用更多生动的案例、文字、图片等多元化的信息影响客户，同时让客户更快地了解我们。

（6）要关心客户，从客户的角度思考

通常情况下，客户因为很多复杂的因素迟迟没有委托，这时要学会建立客户标签。客户标签，就是加了客户微信后，我们要记得跟进客户的情况，不能“放任自流”，要给客户备注，写明客户的具体情况，以及目前的进展，这就是客户的标签。可以使用微信备注，也可以使用单独的表

格进行记录，使用自己觉得方便的工具即可，更重要的是要根据谈案进展进行实时更新。跟进的方案就是隔几天就问候一下，进行持续关怀，要以客户的问题为切入点持续关怀询问。

每一次沟通交流后，对谈案未必有实质性进展，想要推动后续谈案的节奏，我们需要在每一次沟通之后留一个下次沟通的切入点，无论什么样的切入点，我们都要以关心客户问题进展的姿态切入。这个过程是持续的，不是一两次可以完成的，谈案的流程本身就不是一蹴而就的，要有持之以恒的心态和技巧。

（7）要勇敢一些

作为一名谈案律师，我们是需要勇敢一些的，从把控谈案节奏，到委托费报价，要勇敢，勇敢源于自信。关于自信这个特质，在上文我们已经提到过，这里不再赘述。当内心足够自信和笃定时，我们在谈案中就要勇敢地说出我们的需求。例如，我们没有咨询费，但差旅费您是要负担的。或是咨询的话我们需要 × × × 的咨询费。这样的话是自然而然说出来的，你的专业和自信展现在客户面前时，其实已经为客户打消了大部分的顾虑，这时我们要做的就是再勇敢一点，勇敢说出我们的诉求，我们按照正常的流程提出要求，这是没有任何问题的。另外，在报价的环节，也要勇敢一些。假设企业客户服务报价为20万～50万元，其实客户的心理预期已经就不再是20万元的底价了。这时，如果你保守地报价，从某种程度上讲，就是在自贬身价。当然，目前市场上价格竞争很激烈，报价低的法律服务也有很多，服务水平参差不齐，如果我们可以提供优质的法律服务，就要勇敢地说出来，不要心虚不自信。如果报价还有空间，我们可以在后续的谈判中进行调整。如果从一开始就不敢张口，客户反倒会失去信心，认为你之前展示的内容不过是“忽悠”罢了。

（8）晚上的成交率更高

这一点是我在多年的谈案经验中总结的小技巧，通常情况下，我们的客户在生活中面临需要处理的问题，白天要工作，要生活，要处理很多事情，往往会在晚上认真思考我们提供的建议，在夜深人静的时候，不易受其他事情的干扰，有利于做出判断。所以有很多谈案律师，回复信息不分昼夜，因为客户的思考时间是不固定的，尤其在晚上，我们只要时间方便，看到信息或有电话，都能及时回复并解决客户问题的话，成交概率是会大大提升的。之前有一个九江的征地拆迁案件，集体客户并没有打算委托我们，就要给另一位律师付咨询费了。有一天这个客户代表，到凌晨了还睡不着，给我打电话打了40分钟，我秉承为客户解决问题的初心，不计较太多，给到详细解答之后，当事人最终选择委托我们。

办案律师的工作时间不是“朝九晚五”的，是随着客户的时间安排的。找到客户能全身心思考你的建议的时间点，抓住每一次沟通的机会，签约也往往就是水到渠成的。

（9）所有的信息和电话一定要回复

现代社会中，繁忙的工作，经常会让我们错过及时处理信息的时机，办案律师的时间是非常紧张的，可能在出差，在见客户，在处理各种不同的事情，但是在忙完之后，看到手机上的信息和电话，一定要回复，说不定那就是个潜在客户。在我过往的职业生涯中，有一件事情令我印象深刻，那是在一天忙完了很多琐事之后，看了一眼手机，有一个陌生的未接来电，我回复过去居然就是一个委托电话，并且是一个标的额很高的案件。我们一定要记住，有电话和信息一定要回复，或许他只是简单地询问，多次询问的过程就是推动谈案的过程，你不知道哪一个客户可能就在这次的电话或者微信的沟通中形成了委托意向；你也不知道，哪一个电话就是一个大案子。这些机会有时会隐藏在所有看似平淡的电话和信息中。

（10）不断反思和复盘

做任何事情，锻炼深入思考的能力，并在结束之后不断反思和复盘是非常有必要的。人的成长在于对事情的不断思考，并且要将这种思考进行得更加深入及持续。我开始做直播的时候，并没有粉丝，也没有咨询，直播间就三个人，还有一个是我的同学，这样的状态下我会思考如何快速破局，我一直思考，在那个情况下，产生咨询是当务之急，我在别人直播的时候看他们直播，记下来其他人在直播屏上的名字，直播间主播顾不上回答问题的时候，我就私信联系人家。后期，我还在思考，怎么才能改变新媒体平台没有粉丝的现状，我不断地调整短视频的内容、文案、拍摄风格等，在不断思考、试错、复盘、总结之后，才杀出了一条“血路”。只有不断地优化迭代，才能真正做好、做成一件自己想做的事情。复盘及反思是持续超车的秘诀。复盘和反思的内容也是很重要的。在一件事情上哪些方面做得不好要反思，哪些方面做得好也要知道。把好的做法保持下去，持续优化，不好的做法及时调整。我在重庆接到第二个集体案子时，就在反思谈第一个集体案子的问题，当时讲太多法律的问题了，当事人根本听不懂。第一个案子谈得很艰难，而第二个用了很短的时间就谈下来了。我们要持续反思，直到达到自己习惯的状态。自己怎么才能成长，只有自己知道。不会有人给你指出哪里出现了问题，只能依靠自己不断地深度思考、反思及复盘。

以上 10 点谈案技巧可能颠覆了你对技巧的认知，极少的话术，极少的套路，相比技巧而言，我更希望在认知和思路上给予大家更多的帮助，从根本上解决大家对谈案认知的难题，摆正心态，梳理思路，用小技巧辅助谈案顺利推进。

新媒体时代已经来临，作为这个时代的中流砥柱，我们必须跟上时代发展的步伐，不断向前。鲁迅先生曾经说过：时代环境全部迁流，并且进步，而个人始终如故，毫无长进，这才谓之“落伍者”。善于顺应时代发展，跟随时代的变化，快速调整自己的心态、眼界、能力，不故步自封，才是当今时代生存的王道，才会不成为“落伍者”，才能不被社会淘汰。最后希望大家都能快速挖掘出自己在新媒体平台的新角色、新能力。在新赛道上，让自己的律师生涯越走越远。

后　记

撰写本书的初衷原本只是为了分享自己的经验，帮助专注于法律专业的青年律师获得更多实现自己价值和抱负的机会。随着书籍内容的一点点完成，有个认知无数次出现在我的脑海里，并且越来越清晰坚定。那就是随着互联网的快速发展，利用新媒体进行创收转化，是律师行业摆脱困境，走向良性循环的绝佳路径。

长久以来，因为没有足够的案源，很多律师不能走完全专业化的发展道路，即使面对自己不熟悉的领域，也只能选择来者不拒，有案就接。当然，只要做到对案件和当事人尽心尽责，这样的选择无可厚非。但如此对律师的长远发展没有任何正向作用。正所谓“全都精通等于全不精通”，这类律师需要耗费大量时间应对不同类型的案件，无法深入钻研某一专业法律领域，且对专业领域缺乏应有的敏感度，进而难以形成自身的核心竞争力，更没有能力适应逐渐复杂的法律业务，随着新型法律事务日益增多，久而久之终将会被行业淘汰。更为重要的是，办好一个案件成为概率事件，律师行业在社会中的口碑和风评持续走低将成为必然。

这绝不是我们愿意看到的，更于法治社会的建成无益。

如今，抖音、快手、视频号等短视频平台的兴起给了我们摆脱时间和空间的限制，向更多潜在客户展示专业的机会。通过在短视频平台上普法、讲解社会热点案例，打造律师个人品牌，我们与潜在客户间的距离在不断拉近。一方面，客户能按照自己的需求找到一位真正专业、靠谱的律师；另一方面，我们也能快速吸引合适的客户，通过不断代理与自己专业相符的案件，继续精修自己的专业方向，逐渐成长为某一领域的资深律师，实现口碑与效益的双赢，真正找回一位律师的职业尊严与价值。

这不仅是个人之幸，更是行业之幸。衷心希望所有律师都可以借助新媒体平台发展之势，以更专业的姿态让公众感受到法律的权威性和生命力，并最终用我们的专业和担当让公众在每一个案件的处理中都感受到公平正义，筑牢法治社会之根基。

本书中的全部内容均来自我个人的经历、实践和思考，但自觉力薄才疏，难免存在不足与偏颇之处，还望各位律师朋友和短视频运营朋友不吝指正。

当然，书中能交流的终究是有限的。欢迎大家在“律师范儿 MCN”抖音账号或微信公众号给我私信留言，我愿与大家共同成长进步。

最后，我要向诸多同仁表示感谢，正是有你们的理解与支持，这本书才得以出版。

感谢出版社的工作人员，感谢你们为本书付出的时间和心力，你们在书稿设计、内容编排方面给出的中肯建议与帮助让这本书能以更好的状态呈现给读者。

感谢项目运营部的小伙伴们，在与你们共同成长的过程中，我从你们身上汲取营养，不断更新我对运营律师账号的理解。

感谢团队的每一位律师，正是有你们的理解与支持，我才能走到今天。可以说，此前一年是我最有成就感的一年，在与你们共事的过程中，我获益匪浅，也让我得以不断进行一些更深层次的思考。感谢你们！

以上。